ANFRAGEN DES ALLTAGS

Anfragen des Alltags
Chancen des Glaubens

Wegzeichen für die Religionspädagogik

Herausgeber
Katholische Sozialethische
Arbeitsstelle Haus Hoheneck

HOHENECK-VERLAG GMBH - 4700 HAMM 1

ISBN 3-7781-0739-9

Printed in Germany
Umschlag: infopart-Werbestudio, Menden
Druck: Junfermann, Paderborn

Inhaltsverzeichnis

Vorwort

Tendenzen, die ein zunehmend waches und tiefes Interesse nicht nur junger Menschen an Religion und Glaube signalisieren, täuschen bei uns schnell über die Situation derer hinweg, die der Kirche fernstehen oder vom Glauben gar schon Abschied genommen haben. Gerade aber sie sind es, durch die der Religionspädagogik trotz ihrer achtenswerten Erfolge seit Konzilsende die hartnäckigsten Fragen und Aufgaben gestellt werden, will sie sich nicht auf binnenkirchliches Sozialisieren beschränken oder in die Grundstimmung vom „heiligen Rest" verfallen. Warum also ist der Brückenschlag des Glaubens zu den Fernstehenden nicht geglückt und wo läßt sich überhaupt noch nach Neuansätzen suchen?

Es scheint, als habe sich die Fachdiskussion zu sehr auf die Polarisierung „Horizontalismus" und „Vertikalismus" festlegen lassen und als habe die Praxis zu sehr die Sorge um den Glaubensinhalt im Auge gehabt, so daß die tatsächliche Lebensproblematik des modernen Menschen in der säkularisierten Welt nicht ausreichend erkannt und gedeutet werden konnte. Das in dieser Situation für die Religionspädagogik wegweisende Apostolische Schreiben Johannes Pauls II „Catechesi Tradendae" (Oktober 1979) führt nun grundsätzlich aus dieser Begrenzung heraus. Denn es betont „massiv die Öffnung des katechetischen Horizontes auf die gesellschaftlichen Fragen mit weltweitem Horizont" und fordert die Christen auf, „aus der Kraft ihres Glaubens sich den großen Herausforderungen unserer Zeit zu stellen, damit sie in der Lage sind, ihren Beitrag dazu zu leisten, daß durch sie die unmenschlich gewordene Welt etwas menschlicher wird" (Adolf Exeler). Diesen Ansatz gilt es nun in der Religionspädagogik und in allen Bemühungen der Glaubensvermittlung zu konkretisieren und zu entfalten.

Der vorliegende Band unternimmt einen von vielen nötigen Versuchen, dem genannten Anliegen von „Catechesi Tradendae" zu entsprechen. Er erörtert teils in grundlegender, teils in praktischer Weise Stellenwert, Funktion und Chancen des christlichen Glaubens für das Leben in der Gesellschaft und für die Menschwerdung des einzelnen heute. In einem zweiten Teil setzt er sich mit einigen aktuellen Fehlformen und Mißverständnissen von Religion und Glaube auseinander, die immer mehr zur oft unbeachteten Unmenschlichkeit unserer eigenen Umgebung beitragen und die den Selbstanspruch des Glaubens auf Vermenschlichung der Welt am meisten gefährden.

Die Beiträge eröffnen den Theoretikern und Praktikern in Glaubensbildung und religiöser Erziehung manche Perspektiven zu einem neuen Wagnis des Glaubens hinein in die konkreten Verhältnisse sowie manche Ermutigung, sich nicht nur auf die hier vorgestellte Linie von „Catechesi Tradendae" einzulassen, sondern auch das Nächstliegende und Dringlichste im religionspädagogischen Alltag mit kritischem Optimismus zu tun. Gerade darauf ist die katholische Sozialethik dringend angewiesen.

Hamm, im Herbst 1980

Der Herausgeber

Was sagt die Psychologie zur Glaubenssituation des heutigen Menschen?

Josef Schwermer

1. Religion als anthropologische Grundkategorie

Seit einigen Jahren gibt es eine breite Diskussion, die sich mit der religiösen Situation des heutigen Menschen beschäftigt. Sie kreist um Schlagworte wie Entkirchlichung, Entchristlichung, Säkularisierung. Es hat sich inzwischen aber gezeigt, daß es sich dabei um ein recht komplexes Phänomen handelt. Fest steht bis jetzt eigentlich nur, daß vieles, was mit Glauben, Kirche und Christentum zu tun hat, in Fluß geraten ist. Altvertraute Formen und Inhalte zerrinnen uns scheinbar unter der Hand, neue tauchen auf.

Wir haben inzwischen Grund zu der Annahme, daß Glauben und Religion nicht einfach verschwinden können. Der Sozialpsychologe und Meinungsforscher Gerhard SCHMIDTCHEN vertritt die Überzeugung, daß Religion eine „anthropologische und damit gesellschaftliche Konstante" sei. „Die Menschen können zwar ihr religiöses Bewußtsein ändern, aber nicht aus der fundamentalen religiösen Problematik ihrer Existenz auswandern. Auch die Verdrängung des Religiösen ist eine geläufige Grundfigur religiöser Entscheidung." (25)*

Mircea ELIADE schreibt im Vorwort zu seiner „Geschichte der religiösen Ideen", es sei schwierig, „sich vorzustellen, wie der menschliche Geist ohne die Überzeugung funktionieren könnte, daß es eine nicht weiter zurückführbare

* Die im Text angegebenen Seitenziffern beziehen sich jeweils auf die in der Literaturangabe aufgeführten Werke.

Wirklichkeit in der Welt gibt; und es ist unmöglich, sich die Heraufkunft des Bewußtseins vorzustellen, ohne daß man dem Streben und den Erfahrungen des Menschen einen Sinn zugeschrieben hätte. Die Erkenntnis einer wirklichen und sinnvollen Welt ist aufs innigste mit der Entdeckung des Heiligen verbunden. Denn durch die Erfahrung des Heiligen hat der menschliche Geist den Unterschied zwischen dem erkannt, was sich als wirklich, mächtig, bedeutsam und sinnvoll enthüllt, und dessen Gegenteil — dem chaotischen und gefahrvollen Fluß der Dinge, ihrem zufälligen und sinnlosen Aufgang und Untergang — ... Das ‚Heilige' ist also ein Element der Struktur des Bewußtseins... Mit anderen Worten, Mensch sein oder besser werden, heißt: ‚religiös' sein." (7)

ELIADE berührt damit eine Grundfunktion der Religion, die durch die moderne funktionalstrukturelle Systemtheorie in das Zentrum der Aufmerksamkeit gerückt wurde: die Bewältigung des Faktums der Kontingenz, des Unbestimmten, Unfaßbaren und des alles Umgreifenden, des Nicht-Kontingenten, welches hinter dem Auf- und Untergang der kontingenten Dinge steht, aber nicht in der Weise zu greifen ist, wie die kontingenten Dinge von uns begriffen und bestimmt werden können.

Nach dem bedeutendsten Vertreter dieser Richtung, Niklas LUHMANN, schließt eine solche Bestimmung von Religion gleichzeitig aus, „in der Gewißheit, Festigkeit und Unerschütterlichkeit des Glaubens allein ein Maß der Religiosität zu suchen. Je sicherer, desto religiöser — eine solche Auffassung ließe sich gut in Empirie umsetzen, aber sie trifft im Laufe der evolutionären Spezifikation des Religionsproblems immer weniger zu". (44) Die gewaltigen Fortschritte in der Differenzierung unserer Weltauffassung, die die letzten Jahrhunderte kennzeichnen, haben paradoxerweise immer neue Ungewißheiten erzeugt. Und gerade dieses Anwachsen von Ungewißheit muß jetzt und kann nur religiös bewältigt werden. Gewißheitsverlust als solcher bedeutet noch nicht Religionsverlust, sondern macht Religion vielmehr noch notwendiger.

2. Historische Anmerkungen zur These „Entchristlichung"

Der offensichtliche und noch näher zu beschreibende Wandel des religiösen Lebens wurde zunächst mit Hilfe der sogenannten Säkularisierungsthese gedeutet. Wie sich der Staat das Kircheneigentum angeeignet hatte, so sollte es auch mit den religiösen Ideen passieren. Sie seien aus dem Bereich der Religion ausgewandert, verweltlicht worden und hätten dadurch ihren eigentlichen Charakter verloren. Man sprach und spricht von der Entchristlichung unserer Gesellschaft.

Historiker und Soziologen haben demgegenüber darauf hingewiesen, daß eine solche Behauptung durch den historischen Vergleich nur schwer zu verifizieren sei. Der französische Religionshistoriker Jean DELUMEAU bestreitet schlichtweg „ein Nachlassen oder gar ein Absterben der christlichen Bewegung" (91). Er stellt fest, daß man als Historiker die mittelalterliche Christianisierung, zumindest wenn man von einem quantitativen Gesichtspunkt ausgehe, mit den „gewissenhaftesten und eifrigsten Geistlichen des XVI. Jahrhunderts" als einen Mißerfolg bezeichnen müsse. „Wenn wir ihre Zeitgenossen, besonders die Bauern — das heißt neun Zehntel der Europäer — betrachten, die sie für unwissend, gefangen in ihrem ‚heidnischen' Aberglauben und ihren vielfachen Lastern hingegeben hielten, dann müssen wir", so schreibt der Religionshistoriker, „uns fragen, wozu acht oder zehn Jahrhunderte der Predigt des Evangeliums gedient haben." (92)

DELUMEAU zitiert den sehr anschaulichen Bericht über eine Prozession, die 1549 in Brüssel stattfand. Ein feierlicher Aufzug der durch Menschen, Kinder und Tiere dargestellten Mysterien der Heilsgeschichte, der aber zugleich die Verwandlung der Gefährten des Odysseus in Tiere durch Circe, die Zauberin der griechischen Mythologie, vorführte und der neben den Reliquien der Heiligen sofort nach dem heiligen Michael eine Katzenorgel mit sich führte: Ein ,,sitzender Bär, der eine Orgel bediente, die nicht wie andere Orgeln aus Pfeifen bestand, sondern aus etwa zwanzig Katzen, einzeln in enge Käfige gesperrt, wo sie sich nicht bewegen konnten. Ihre Schwänze waren alle mit Schnüren hochgebunden, die an Orgelregister angeknüpft waren, so daß, wenn man auf die Tasten drückte, sich die Schnüre anspannten und so fest an den Schwänzen der Katzen rissen, daß diese miauten ... Je nach der Melodie, die man singen wollte, die Katzenmusik stimmte immer und spielte keinen einzigen falschen Ton. Zum Klang dieser seltsamen Orgel tanzten Affen." (71)

Dies zeigt eine imposante Assimilationsleistung und unter tiefenpsychologischem Gesichtspunkt ein bemerkenswertes Dokument der Bändigung unbewußter Ängste. In unserem Zusammenhang stellt sich jedoch die Frage danach, wo überhaupt das spezifisch Christliche zu finden ist.

Der Historiker DELUMEAU kommt zu dem Schluß, daß die ,,Christianisierung in sogenannten ,christlichen' Ländern nie vollständig war und es nie sein konnte", ja, daß das ,,offizielle Christentum das Evangelium verraten" habe, ,,indem es zur Macht geworden" sei. Er weist darauf hin, daß ,,die frohe Botschaft der Befreiung zur Bedrohung und zum Zwang wurde" (177), nicht zuletzt auch deswegen, weil das Ziel zu hoch gesteckt worden sei, was die Zahl der zu evangelisierenden Menschen anginge. Man habe infolgedessen verwerfliche Methoden angewandt, als man diese Ziele nicht erreichte. (Vgl. 91 f.)

Nach DELUMEAU stellt die Entchristlichung zum Teil nichts anderes dar als die legitime Antwort auf den Mißbrauch des Christlichen in früheren Zeiten. (87) Andererseits könne man dennoch gleichzeitig mit gutem Recht behaupten, daß sogar diese historische Kirche ,,im besten Sinne des Wortes das Evangelium verkündet" habe, so paradox das klinge. Er würdigt trotz des eben Gesagten die langsame christliche Durchdringung der Massen, den Aufbau einer christlichen Elite, die Schönheit der christlichen Kunst und die vielen Zeugnisse echter Heiligkeit. (92) Allerdings meint er, daß „der Gott der Christen früher viel weniger lebendig war, als man geglaubt hat, und daß er heute viel weniger tot ist, als man zugibt." (153) Zumindest müsse man sagen, „daß die Menschen mit jedem Jahrhundert (wenigstens im Westen seit dem Jahre 1000) mehr als im vorhergehenden fähiger wurden, gut oder böse zu sein." (131)

Solche historischen Untersuchungen zeigen deutlich, daß es schwerfallen wird, eindeutige Maßstäbe einer Entchristlichung aufzustellen.

Hans MAIER hat diese Schwierigkeit noch von einer anderen Seite her beleuchtet. Er geht auf das sogenannte Phänomen der Verweltlichung ein und meint, daß die Rede von der Entchristlichung der modernen Welt zumindest zweideutig sein müsse. Der Gegenbegriff der Verchristlichung könne an der Entdeckung der Weltverantwortung in der sogenannten Konstantinischen Wende angeschlossen werden. [So versteht er sie, und nicht als „Entäußerung des Christentums an seine schlechtere Außenseite." (157)] Er findet es zu einfach, das Phänomen der Entchristlichung im Sinne von Verweltlichung einfach negativ zu werten und mit religiöser Desozialisation in Beziehung zu bringen. Es gebe natürlich Ersatzsozialisationen, es gebe aber auch „das ungemein schwierige Phänomen, daß Christliches beim Eingang in die Gesellschaft aufgehoben wird, im doppelten Sinne des Wortes". Das Christliche werde „etwa zu einem Teil unserer modernen Sozialpolitik. Dadurch werden Formen der Caritas und der Nächstenliebe zwar nicht überflüssig, treten aber doch in eine sekundäre, subsidiäre Rolle zurück. Ein anderer Bereich wäre der Erziehungs- und Bildungsbereich. Es ist gar keine Frage, daß er vorgeprägt ist in Formen der Verchristlichung. Kein Zweifel besteht aber auch, daß erst der moderne Staat dieses gewissermaßen missionarisch-punktuelle Postulat eingelöst hat in einer verpflichtenden Schule für alle." (159)

Der Autor fragt weiter: „Was bedeuten aber diese Verchristlichungen, die sozusagen der Kirche aus der Hand genommen werden, die sich in Formen des Rechtes, des Sozialethos, der Sozialpolitik und der Erziehungspolitik verselbständigen und selbstverständlich auch immer wieder bedroht sind ...? Wenn man Verchristlichung und Entchristlichung als historische und soziale Prozesse faßt und in der Breite der Erscheinungen versucht einzufangen, dann zeigt sich, daß beinahe alles in allem ist." (159)

3. *Sozialpsychologisch bedingte Glaubensschwierigkeiten heute*

Läßt man einmal den umstrittenen historischen Hintergrund beiseite, dann kann man etwas unbefangener die Frage stellen, welche Faktoren heute christliches Leben und christliche Erziehung besonders erschweren.

Gerhard SCHMIDTCHEN stellt fest, daß religiöse Sozialisation vornehmlich in der Kirche stattfindet und daß daher religiöse Sozialisation von dem Einfluß der Kirche als Institution abhängt. In dem Maße, in dem der Einfluß der Kirche schwindet, wird auch die religiöse Sozialisation geschwächt. Aus lerntheoretischen Axiomen folgt, daß Bewußtseinsinhalte und Verhaltensweisen, die nicht verstärkt werden, der Löschung anheimfallen. Ein entscheidender Verstärkungsfaktor ist aber soziale Zuwendung, mitmenschliche Resonanz. Fällt diese positive Resonanz auf religiöses Verhalten aus, so wird auch dieses Verhalten allmählich ausfallen. Da wir nicht erwarten können, daß Sportvereine oder Wirtschaftsverbände ausgerechnet religiöses Verhalten belohnen, dieses vielmehr in erster Linie in und durch die Kirche geschieht, wird eine Schwächung dieser Institution zwangsläufig religiöses Verhalten schwächen. Das zweite Argument sind die empirischen Befunde. Selbst ,,subtile religiöse Wahrheiten und ästhetische Stile bis hin zu der Frage, ob man Kirchenlieder leiden mag, (sind) auf engste mit der sozialen Organisation des Individuums verknüpft. Ohne Bekanntenkreis mit ähnlichen Neigungen werden solche scheinbar nur privaten Orientierungen gelöscht". ,,Nicht nur der Kirchenbesuch vollzieht sich in einem sozialen Kontext, sondern auch das Denken über die Institutionen und Glaubenssysteme sind sozial verankert." (19 f.)

Abgesehen von der historisch bedingten Schwächung der Kirche als Institution, gibt es in unserer Gesellschaft eine allgemeine Kritik an Institutionen, eine Institutionsmüdigkeit, ja eine Institutionsfeindlichkeit, die auch die Institution Kirche trifft und sie um ein weiteres Maß beeinträchtigt. Diese verbreitete Ablehnung aller Institutionen (Familie, Recht, institutionalisierte Stätten der Produktion, Kirche) läßt sich durch die im Rahmen der Gesamtgesellschaft vorgegebene Erfolgsmotivation erklären, die sich vor allem auf konsumierbare Belohnung richtet und von daher die restriktiven Momente, die mit jeder Institutionalierung gegeben sind, als Beeinträchtigung erlebt, wobei ihre nicht so unmittelbar ins Auge fallende produktive Bedeutung übersehen wird. (24)

Die Schwächung und die Ohnmacht religiöser Institutionen führt nach SCHMIDTCHEN zu dem Verlust der Fähigkeit, ,,aus Texten christlicher Überlieferung produktive Antworten für das Leben von heute zu entwickeln". Das heißt im einzelnen:

1. ,,Religiöse Fragen werden nicht mehr als religiöse begriffen", darum auch nicht mehr adäquat beantwortet. An die Stelle der religiösen Problembewältigung tritt Psychotherapie, Sozialpolitik, Kulturpolitik, die aber von der Natur der Sache her hier überfordert sind.

2. Die Meinung der Institutionalisierung des Religiösen führt zu einem Transfer religiöser Motive und zur religiösen

Aufladung anderer gesellschaftlicher Teilsysteme, was diesen wiederum nicht bekommt, da sie dafür keine Voraussetzung erbringen können.

3. Durch die Entmachtung der religiösen Institutionen geht der Gesellschaft die Möglichkeit verloren, Erfahrung im Umgang mit religiösen Problemen zu machen. Ohne den Irrtum zu bemerken, begeben sich zwangsläufig andere Systeme auf eine „quasi"religiöse Wahrheitssuche, ohne imstande zu sein, produktive religiöse Antworten zu geben.

4. Der Machtverlust der Kirchen führt zu einer Verwilderung im religiösen Bereich, zur Entwicklung destruktiver Sekten, denen insbesondere Jugendliche verfallen. (Vgl. 25 f.)

Aus umgekehrter Blickrichtung lassen sich weitere Einsichten erschließen. Die von der Kirche unabhängig gewordenen weltlichen Gesellschaften, Institutionen und Organisationen kommen selbstverständlich nicht ohne Wissens- und ohne Handlungsnormen aus. Wenn sie überhaupt funktionieren wollen, dann müssen sie Gewißheiten definieren und Handlungsnormen festlegen. Diese Prozesse regeln sich nicht einfach nach „objektiven" Kriterien, sondern weithin in Abhängigkeit von dem jeweiligen Charakter der Institution, von ihren Aufgaben und Zielen und Erfordernissen her; d. h. aber, daß praktisch andere Akzente gesetzt, andere Kompromisse geschlossen werden, als es im religiösen und kirchlichen Kontext der Fall wäre. Die zentralen Normen lösen sich dabei in viele partikuläre auf.

Der Mensch, der vorzugsweise solchen Institutionen ausgeliefert ist und von ihnen sozialisiert wird, wird notwendigerweise nicht endgültig festgelegt. Er muß verfügbar bleiben für immer neue unterschiedliche Ansprüche. So fordert es das Interesse dieser Institutionen. „Höhere und befriedigende Formen der Persönlichkeitsorganisation können erst erreicht werden durch Einbeziehung von Referenzsystemen, in denen sich allgemeinste und produktivste Ideen vom Menschsein mitteilen." (28) Gerade das leistet nach SCHMIDTCHEN die durch Kirche vermittelte Religion. Sie ermöglicht es dem einzelnen, die zufälligen Verhältnisse zu überschreiten, sie zu relativieren und sie dadurch erträglich zu machen. „Erst in überpersönlichen Zusammenhängen kommt das Sozialwesen Mensch selbstvergessen zu sich selbst." (28) SCHMIDTCHEN führt als Folgen des Ausfalls solcher Identitätsfindungsmöglichkeiten Alkoholismus, Medikamentenmißbrauch, Tabakwarenkonsum, Gebrauch psychoaktiver Substanzen, unsinnige Nahrungsmittelaufnahme und Selbstmordphantasien an.

Die Aufweise und Analysen, die SCHMIDTCHEN liefert, haben ein solides empirisches Fundament. Sie hinterlassen aber im ganzen ein Gefühl der Hilflosigkeit und der Ohnmacht. Wir wollen versuchen, die nicht zu leugnenden und uns belastenden Fakten noch einmal in einen größeren Zusammenhang zu stellen, um sie dadurch besser zu verstehen. Die funktionalstrukturelle Gesellschaftstheorie von Niklas LUHMANN bietet eine solche Möglichkeit und wurde bereits von ihrem Begründer zur näheren Erläuterung der Säkularisierungserscheinung benutzt.

4. *Glaubensschwierigkeiten heute als Folge eines sozialen Wandels*

Segmentäre und funktionale Differenzierung

Die Gesamtheit der sozialen Prozesse wurde in älteren Gesellschaften überschaubar gegliedert und dadurch in ihrer Komplexität bewältigt, so daß sich das Gesamtsystem in untereinander gleiche Untersysteme differenzierte, etwa in Stämme, Sippen, Familien oder in Dörfer und Häuser. Man nennt das eine segmentäre Differenzierung. Charakteristisch für eine segmentäre Gliederung ist die Gleichheit der Untersysteme: So haben z. B. alle Familien wenigstens im Prinzip die gleiche Binnenstruktur.

In modernen Gesellschaften hat sich die Art der gesellschaftlichen Differenzierung gewandelt. Diese Gesellschaften bewältigen soziale Komplexität nicht mehr in erster Linie durch segmentäre, sondern durch funktionale Gliederung. Bestimmte, für die Gesellschaft wichtige Funktionen bewirken die Ausgliederung von Subsystemen. So entwickelt sich z. B. ein Wissenschaftssystem, ein Wirtschaftssystem, ein Erziehungssystem, ein politisches System — auch das religiöse System. Diese Systeme sind untereinander nicht mehr gleich, sondern verschieden, und es ist die Aufgabe der Gesamtgesellschaft, sie untereinander in ein sinnvolles Gleichgewicht zu bringen.

Vorteile funktionaler Differenzierung

Welche großen Vorteile eine solche Differenzierung hat, liegt auf der Hand. Unter anderem werden dadurch praktisch unbegrenzte Reserven erschlossen. Es kann jetzt z. B. das ganze Volk an der Politik teilnehmen, das Musikleben tragen, wissenschaftliche oder künstlerische Unternehmungen besuchen und fördern. Durch eine saubere Trennung der einzelnen Funktionen können diese selbst immer weiter verfeinert werden und in ihrer Eigenständigkeit ihren typischen Beitrag zum Ganzen besser leisten. So kann grundsätzlich Wissenschaft von Politik und Wirtschaft getrennt werden, so kann der Patient ohne sachfremde Rücksichten zu jedem Arzt Vertrauen fassen, also gleich welcher Konfession oder Partei er angehört. Politische Tätigkeiten dürfen jetzt nicht mehr durch konfessionelle Zugehörigkeit oder durch die privaten wirtschaftlichen Interessen des Politikers überlagert werden. Jeder hat jetzt grundsätzlich Zugang zu allen Funktionen. Dadurch können viele Talente für die Gesellschaft fruchtbar werden, die früher verborgen blieben.

Folgeprobleme funktionaler Differenzierung

Der Wandel von einer segmentär differenzierten Gesellschaft in eine funktional differenzierte Gesellschaft, der bereits im späten Mittelalter einsetzte, brachte jedoch nicht nur Vorteile, sondern warf auch eine Reihe neuer Probleme auf. LUHMANN ist der Ansicht, daß sich hinter dem Stichwort Säkularisierung weithin solche Probleme verbergen, die die funktionale Differenzierung für das religiöse System aufgeworfen hat. Es lassen sich in der Tat einige der bereits erwähnten Phänomene besser verstehen und andere ohne Schwierigkeiten anfügen, wenn man diesen Überlegungen weiter nachgeht.

Privatisierung

Soll der Vorteil funktionaler Differenzierung gewahrt bleiben, soll sie überhaupt „funktionieren", dann ist es nötig, daß weiterhin die einzelnen Rollen auseinandergehalten werden, daß nicht wirtschaftliche Überlegungen die religiösen Entscheidungen beeinflussen und nicht politische Erwägungen die Erziehungsbemühungen beeinträchtigen usw. Während früher Rollentrennung durch die Zuordnung bestimmter Funktionen zu bestimmten Personen erleichtert wurde, ist diese Lösung heute nicht mehr möglich, da ja in einer primär funktional gegliederten Gesellschaft jede Person zu jedem Funktionskreis Zutritt hat.

Als Ausweg hat sich eine Privatisierung der Entscheidung über die Teilnahme an einzelnen Funktionen ergeben. Es bleibt dem einzelnen überlassen, in welchem Funktionskreis er jeweils aktiv wird, d. h. aber auch, welche Rollenkombination er aufbaut. Dadurch wird erreicht, daß es im statistischen Durchschnitt keine festen Rollenkombinationen gibt, daß es also keine allgemein verbreiteten Verquickungen mit entsprechenden Kontaminierungsfolgen mehr gibt.

So erklärt es sich, daß auch Religion, obwohl ein wichtiges Subsystem der Gesellschaft, zur „Privatsache" wird. Ob einer glaubt, was er glaubt, wie er diesen Glauben aktiviert, ist ihm überlassen. „Während vordem Unglaube Privatsache war", schreibt LUHMANN, „wird jetzt Glaube zur Privatsache", was aber nach den eben gemachten Ausführungen nicht so verstanden werden darf, als ob die Gesellschaft oder der einzelne ohne Schaden auf ihn verzichten könnten. (239) Im Gegenteil kann die Gesamtgesellschaft nur dann gut funktionieren, wenn sie in irgendeiner Weise dafür sorgt, daß auch dieses für das Ganze wichtige Funktionssystem zum Zuge kommt. Aber die Gesellschaft kann nicht mehr in alter Weise den Glaubenskonsens durch Verankerung in allen möglichen Systemen und durch Durchsetzung genereller Normen für alle Systeme direkt institutionalisieren. Die Einzelsysteme funktionieren weithin ohne unmittelbare Aktivierung von Glaubensnormen. Der Naturwissenschaftler forscht nach den Normen der Wissenschaft und kann zu diesem ausschließlichen Zweck tatsächlich großenteils auf seinen Katechismus verzichten.

Daß Glaubensfragen damit aber nicht einfach belanglos werden, sondern als wesentliche Randbedingungen in einem fachfremden Funktionssystem sehr wohl Einfluß nehmen und darum auch im Interesse des Naturwissenschaftlers — allerdings anderswo — bearbeitet werden müssen, hat die Diskussion um die Kernenergie, um Umweltschutz und um künstliche Befruchtung deutlich gemacht. Obgleich Religion Privatsache geworden ist, ist sie zugleich auch, darauf weist LUHMANN ausdrücklich hin, eine wichtige Gesellschaftssache. In der Gesamtgesellschaft muß dafür Sorge getragen werden, daß das religiöse Funktionssystem, so wie es selbst durch andere entlastet wird, die in anderen Subsystemen anfallenden Probleme auffängt und für diese verarbeitet.

Die Gesellschaft wurde durch funktionale Differenzierung zwar chancenreicher, aber so auch mit einer Reihe zusätzlicher Probleme belastet. Auch für das Religionssystem selbst, also nicht nur für die Gesamtgesellschaft, entsteht durch diese in funktionaler Differenzierung notwendig gewordene Privatisierung eine Reihe neuer Probleme. Es muß jetzt selbst seine Normen ohne den Rückhalt einer allgemeinen Institutionalisierung in anderen Funktionsbereichen durchsetzen. Es muß selbst eine Mikromotivation des einzelnen leisten, da er nicht schon deswegen in die Kirche geht oder glaubt, weil er eine bestimmte Position oder Funktion in einem anderen Bereich innehat. Man muß als Bürgermeister nicht unbedingt in die Kirche gehen. Die Kirche wird zum Teil einfach Angebote machen müssen, ohne die Gewißheit zu haben, daß sie auch genutzt werden. Sie gerät infolge dieser Privatisierung gegenüber der Arbeit in den Freizeitbereich und damit in Konkurrenz zu allen möglichen Freizeitangeboten. Das wiederum verführt zur Niveausenkung und zu Kompromissen um der Attraktivität willen, nämlich zur „Imitation weltlicher Erfolgsmuster: Die psychotherapeutische Praxis an Individuen und Gruppen kann in kirchlich getragenen Veranstaltungen parallelisiert werden, die Figuren des transzendentalen Idealismus können theologisch nachgeturnt werden, den Club-Ketten für Playboys lassen sich Club-Ketten für Prayboys nachbilden." (241) Andererseits sagt all das nichts aus gegen die Notwendigkeit und Unentbehrlichkeit von Religion, nicht einmal gegen die Fortdauer der Möglichkeit religiöser Erfahrung. (Vgl. 242)

Integration

Ein anderes Folgeproblem funktionaler Differenzierung hängt mit dem Problem der Integration der Gesellschaft zusammen und führt ebenfalls zu sogenannten Säkularisierungserscheinungen. LUHMANN definiert Integration „als Vermeidung des Umstandes, daß die Operationen eines Teilsystems in einem anderen Teilsystem zu unlösbaren Problemen führen." (242)

Solche Schwierigkeiten wurden früher in einer segmentär gegliederten Gesellschaft (wie bereits näher erläutert) dadurch vermieden, daß sich alle Subsysteme (z. B. Sippen) an die gleichen Normen und Werte hielten. In einer funktional differenzierten Gesellschaft haben die funktional definierten Teilsysteme gerade unterschiedliche Zentralwerte, etwa religiöse oder wirtschaftliche oder politische oder ästhetische. Ihre Harmonie kann nicht auf Isomorphie gegründet werden, sondern wird dadurch hergestellt, daß jedes System seinen spezifischen Beitrag leistet, daß anderes anderswo geschieht. Gerade darauf beruht ja ihr Vorteil. Das religiöse System wird nicht gleichzeitig mit allen Problemen der wirtschaftlichen Versorgung seiner Mitglieder belastet, das familiäre System nicht mit allen möglichen Ausbildungsfunktionen usw. In einer funktional differenzierten Gesellschaft, in der nicht mehr die allen Subsystemen gemeinsamen Normen die Integration des Ganzen sicherstellen, muß dafür Sorge getragen werden, daß wirklich anderswo anderes geschieht und auch geschehen kann. Das Wirtschaftssystem z. B. darf sich nicht auf Kosten des sozialen oder des religiösen überentwickeln. „Optimierung im Bereich eines Funktionssystems (kann) zu nicht abfangbaren Problemen in anderen Funktionssystemen" führen (245). Das trifft natürlich auch das religiöse Funktionssystem. So könnte Optimierung religiösen Eifers den politischen Konsens unmöglich machen. „Auch wenn die Gesellschaft auf Erfüllung der religiösen Funktion angewiesen ist und bleibt, wird man daher immer auch eine gesellschaftliche Repression und Limitierung religiöser Möglichkeiten antreffen, und dies nicht nur als Auskämmen funktional inadäquaten Wildwuchses, sondern auch als Restriktion der Funktionserfüllung selbst." (246)

Komplexität

Ein letztes Folgeproblem funktionaler Differenzierung der Gesellschaft für Religion soll noch erläutert werden. Es hängt zusammen mit der Tatsache, daß der Mensch nicht beliebige Komplexität verarbeiten kann. Systeme haben die Aufgabe, Komplexität zu reduzieren und dadurch sinnvolles Handeln für ein begrenztes menschliches Wesen zu ermöglichen. Aus der unendlichen Fülle von Möglichkeiten, von Elementen und deren Beziehungen zueinander werden nur bestimmte herausgegriffen und verarbeitet. Eine solche Strukturierung ist — da nicht eindeutig vorgezeichnet (kontingent) — mit Problemen belastet. Sie erzeugt Kontingenzüberschüsse, die das System selbst nicht verarbeiten kann; sie ist durch ein Diskreditierungsrisiko gekennzeichnet, das sie selbst nicht aufheben kann. Je weiter differenziert wird, desto vielfältiger werden die Risiken. Irgendein System muß sich dieser Risiken annehmen und sie mitverarbeiten. Das ist die Aufgabe der Religion.

Schon eine geringe Zahl der Vermehrung der Elemente steigert nach einem einfachen mathematischen Gesetz die Zahl der möglichen Beziehungen. Dadurch werden die Komplexität, und damit auch die Diskreditierungsrisiken, die Kontingenz ganz erheblich erhöht. Damit ist gegeben, daß die Religion vor ganz neuen Aufgaben steht. Es hat sich auf der einen Seite die Art der Systemstruktur geändert und auf der anderen die Zahl der Risiken des Handelns rapide vermehrt, so daß die alten Formen der Antwort nicht mehr ausreichen. Sie müssen entsprechend der neuen Lage differenziert werden. Vieles, was als Religionsferne bestimmter Funktionsbereiche unserer Gesellschaft imponiert, ist nur eine Folge der unzureichenden Differenzierung der religiösen Antworten auf die dort sich ergebenden Probleme. Die Entwicklung der Gesellschaft hat auch hier Probleme für die Religion erzeugt, die aber mit dem Stichwort Säkularisierung nur sehr ungenau zu kennzeichnen sind.

LUHMANN betont, daß Religion und Theologie diesen differenzierten Anforderungen allerdings nicht so einfach entsprechen können, wie es diejenigen vermuten, die in einer Angleichung der äußeren Strukturen, etwa unter dem Titel Demokratisierung, eine Hilfe erhoffen. Ebensowenig sei es möglich, einfach die Aporien der modernen Naturwissenschaft an die Stelle der Gottesbeweise zu schieben. Vielmehr müsse das religiöse System entsprechend seiner Eigenart seine Antworten weiterentwickeln bzw. neue Antworten erstellen. Es müssen angesichts der neuartigen, in der bisherigen Geschichte noch nicht dagewesenen Situation die Funktion von Religion neu bestimmt, die Definition von Kirche neu überlegt und die Aufgabe der „Diakonia" neu festgelegt werden; die Identität des religiösen Systems muß neu reflektiert werden.

LITERATUR

DELUMEAU, Jean: Stirbt das Christentum? Olten und Freiburg 1978

ELIADE, Mircea: Geschichte der religiösen Ideen. Bd. 1: Von der Steinzeit bis zu den Mysterien von Eleusis. Freiburg 1978

LUHMANN, Nikolas: Funktion der Religion. Frankfurt/M. 1977

MAIER, Hans: Zum Begriff der Entchristlichung (Diskussionsbeitrag). In: Entchristlichung und religiöse Desozialisation. Wilhelm F. KASCH (Hg.). Paderborn 1978, 157-160

SCHMIDTCHEN, Gerhard: Die gesellschaftlichen Folgen der Entchristlichung. In: Entchristlichung und religiöse Desozialisation. Wilhelm F. KASCH (Hg.). Paderborn 1978, 17-28

Der Glaube als Hilfe zu Reifung und Menschwerdung

Peter Lippert

1. Die Fragestellung und ihre Problematik

Angesichts vieler ehrlicher Fragen nach der konkreten Bedeutung des Glaubens für die Gesellschaft lohnt es sich zu überlegen, ob und auf welche Weise das, was wir global als „christliche Glaubenshaltung" bezeichnen, zur Persönlichkeitsentfaltung, Selbstfindung und Reifung, also zur „Menschwerdung" des Menschen beiträgt. Dabei wird, von der Sache her zwingend bedingt, auf empirische Nachprüfung unserer Aussagen verzichtet werden müssen. Nur Gott sieht wirklich in das Herz des Menschen. Deshalb ist uns nicht nur das „Richten" untersagt (Mt 7,1) vielmehr sind auch alle Überlegungen über die realen Auswirkungen des Glaubens auf das menschliche Verhalten (z. B. die Fragen: Macht das Christentum die Menschen „besser"? Wäre dieser bestimmte Mensch ohne sein Christentum anders geworden?) wegen der Tiefe des menschlichen Herzens unauslotbar; sie sind nicht verifizierbar oder falsifizierbar. Es wäre aber wahrhaftig kurzsichtig, allein deswegen auf die Frage nach dem Beitrag des Glaubens zur Menschwerdung zu verzichten. Wenn nämlich andererseits der christliche Glaube beansprucht, die „Welt" (als Unheilsbereich und -kraft im johanneischen Sinn) zu überwinden und über sie zu „siegen" (1 Joh 5,4), so muß er sich irgendwie verändernd auf Menschen auswirken. Dann muß es auch erlaubt und möglich sein, solchen Veränderungen nachzuspüren.

Daraus folgt: Wenn die Fragestellung, ob der Glaube dem Menschen helfe, ein reifer Mensch zu werden, einerseits legitim ist und man andererseits grundsätzlich für seine Antworten keine empirischen Beweise liefern kann, dann kann eine solche Überlegung nur so erfolgen, daß zunächst gefragt wird, was denn christlich Glauben eigentlich bedeutet (Abschnitt 2) und was menschliche Reife meint (Abschnitt 3). Nachdem dann des näheren beschrieben ist, welche Aufgaben sich dem Erwachsenen bei seinem Reifwerden stellen (Abschnitt 4), ist zu zeigen, ob und wie der Glaube seiner inneren Struktur nach (sowohl als Inhalt, ,,fides quae", als auch als Haltung, ,,fides qua") die Tendenz und das innere Gefälle hat, auf den Reifungsweg des Menschen einzuwirken (Teil 5). Daraus sind noch einige Folgerungen zu ziehen (Teil 6).

Zuvor ist allerdings noch auf zwei einander entgegengesetzte Einwände zu der thematischen Fragestellung einzugehen. Einmal auf das, was ich den ,,religiösen" Einwand nennen möchte; er sagt etwa dies: Ist es denn überhaupt nötig, die Themen ,,Glaube" und ,,Reifung" miteinander in Beziehung zu setzen? Ja, ist dies überhaupt berechtigt? Geht es beim Glauben nicht um das eine Notwendige (Lk 10,42), neben dem alles andere unwichtig wird: Persönlichkeitsentfaltung, Selbstverwirklichung, Reifung, und was da alles noch an entwicklungspsychologisch wichtigen Elementen oder gar an modernem humanistischem Ersatz für den nicht mehr gewollten Weg zu Gott genannt werden mag? Weiter ist zu fragen: Kann man nicht sehr nahe bei Gott sein und doch sehr unreif bleiben? Werden nicht die Kinder gepriesen und als Beispiel hingestellt (Mt 18,2f) und den Unmündigen gegenüber den ,,Klugen und Weisen" die besseren Chancen eingeräumt (Mt 11,25), da die Weisheit Gottes die Weisheit der Welt zuschanden macht (1 Kor 1, passim)? Hat es nicht viele Heilige gegeben, die doch von der Kirche als Leitbilder hingestellt werden, die aber zweifelsfrei neurotische Züge in ihrem Leben aufweisen?

Der Einwand kann hier noch nicht voll beantwortet werden. Die ganze Überlegung in diesem Aufsatz ist in ihrem weiteren Fortgang hoffentlich eine Antwort darauf. Hier kann nur vorläufig etwas gesagt werden, um unsere Überlegung nicht von vornherein theologisch disqualifiziert zu sehen: Ob beides, Glauben und Reifen (christlich gesehen) etwas Werthaftes bezeichnen und wie beide Werte zueinander im Verhältnis stehen, ergibt sich aus der näheren Analyse dessen, was Glauben einerseits und was Reifung andererseits ist. Daß beides, Glauben und Reifen, sich zueinander positiv verhält, sei aber bereits hier als unser Standpunkt gesagt.

Ein Hinweis darauf, daß ein solcher Standpunkt in der Lehr- und Glaubenstradition der Kirche steht, mindestens als *ein* Traditionsstrom in der Sicht des Christlichen anzusehen ist, ergibt sich aus zahlreichen kirchenamtlichen Texten neuerer Zeit. Dazu gehören nicht nur umfangreiche Dokumente wie die Pastoralkonstitution „Gaudium et spes" des II. Vaticanums oder die Enzyklika Johannes Pauls II. „Redemptor Hominis", die beide in ihrer Sicht zwischen Menschsein und Christsein eine Linie ziehen, auf der sich dann unsere Sicht von Glauben und Reifen wiederfindet. Es ist auch an speziellere Dokumente zu erinnern, wie z. B. die „Leitgedanken für die Erziehung zum priesterlichen Zölibat", die 1975 von der römischen Studienkongregation veröffentlicht wurden. Dort wird, insbesondere in Abschnitt 26 mit dem Titel „Reife, eine Forderung des Christseins", u. a. gesagt: „Menschliche Reife ist nicht erst eine Voraussetzung des Priesterstandes, sondern schon eine elementare Forderung christlichen Lebens."

Der zweite, dem ersten entgegengerichtete Einwand besteht nicht darin, daß die Reifung gegenüber dem „religiösen Aspekt" des Christlichen geringgeschätzt wird. Vielmehr wird umgekehrt etwa argumentiert: Das Christentum hilft bestenfalls nichts zur menschlichen Reifung, schlimmerenfalls hindert es diese sogar. Es hält den Menschen in einer unreifen Abhängigkeit (von der Projektion Gott; von den Gralshütern der Kirchenhierarchie; von den anerzogenen

Tabus einer repressiven Moral). Man mag dann höchstens darüber streiten, ob das Christentum eine harmlose Marotte ist oder aber ein Zeichen von Infantilität, mithin von Unreife, von neurotischen Reaktionen. Beide Positionen werden heute in vielen Nuancen vertreten. Wer den christlichen Glauben für harmlos, aber nicht für hilfreich hält, mag zur Toleranz neigen. Wer ihn aber für psychisch oder sozial („Opium des Volkes") gefährlich hält, wird im Namen des Menschen das Christentum bekämpfen. Auch solchen Einwänden gegenüber hat sich das Nachdenken über das Verhältnis von Glauben und Reifen Rechenschaft zu geben.

Hier wird insbesondere zu zeigen sein, daß der Christenglaube den Charakter nicht von seinem Wesen her verdirbt, sondern nur dort, wo dieser Glaube selbst schon verbogen ist. Wieso solche Verbiegungen zustandekommen können und weshalb Christen trotz ihres Glaubens unleidlich, verkrampft, mutlos, freudlos und engstirnig sein können — das ist eine Frage, die sich angesichts der Wirklichkeit aufdrängt. Wir können sie nur am Rande ansprechen. Es sei aber auf einen anregenden Aufsatz von A. GÖRRES verwiesen, eine der sehr seltenen Thematisierungen dieser doch wahrhaftig nicht am Rande liegenden Frage.[1] Im ganzen wird auch hier — wie beim „frommen Einwand" — die Antwort erst aus dem Gesamtumfang unserer Erwägungen zu gewinnen sein.

2. Die Grundwirklichkeiten Glaube und Glauben

Sieht man sich im bibeltheologischen Material zum Thema Glauben um, so fällt zunächst auf, daß in Verbindung mit den inhaltlichen Auskünften immer auch eine Haltung beschrieben wird. Diese Haltung (scholastisch die „fides qua creditur") ist eine personale Bezogenheit auf ein personales Du hin. Schon die verschiedenen, im Alten Testament gebrauchten Wortstämme, die dem neutestamentlichen „pistis" (Glaube) entsprechen, bedeuten: „sich bergen bei",

,,sich verlassen auf", ,,feststehen auf". Dabei ist immer das Moment des Sich-Anvertrauens stark gegeben. Ebenso läßt sich im Sprachgebrauch des Johannesevangeliums nicht übersehen, daß dort ,,Glauben" als Zeitwort (pisteuein) sehr häufig vorkommt, also einen Vorgang meint, während das Hauptwort ,,pistis" dagegen fehlt. ,,Pisteuein" wird hier in der überwiegenden Zahl der Fälle mit dem Dativ konstruiert (19 mal) oder mit ,,eis" verwendet (36 mal): jemandem glauben. Viel seltener erscheint es in der Wortbindung ,,pisteuein hoti" (glauben, daß): 12 mal.

Auch scheint es nicht ohne Tragweite, daß ,,Glaube" im paulinischen Schrifttum die Grundhaltung gegenüber Christus meint. Sie umgreift also das mit, was wir eher als Christusliebe zu bezeichnen gewohnt sind. Mit ganz wenigen Ausnahmen meint ,,agape" die Liebe zum Nächsten. Glaube ist also auch hier eine umfassende Haltung der Hinwendung. — Daß sowohl johanneisch wie paulinisch Glaube als Geschenk erscheint, gehört zur Sicht des Glaubens als einer personalen Beziehung hinzu. Das wird auch bei den Synoptikern gelegentlich angesprochen, etwa unter dem Thema der Berufung zur Nachfolge.

Katechismusdefinitionen, wie sie insbesondere der älteren Generation geläufig sind (,,Fürwahrhalten all dessen") entsprechen der biblischen Sicht nur zu einem Teil. Gleiches gilt freilich auch für personalistische Überzeichnungen im Glaubensverständnis (vom Lutherschen Fiduzialglauben bis zu neueren theologischen Äußerungen), die dem Inhalt des Geglaubten (als Rechtgläubigkeit) weniger Wichtigkeit zuzumessen scheinen. Die Tradition war hier umsichtiger als alte Katechismen und neue Personalismen. Wenn sie fides qua und fides quae unterscheidet (also Glaubenshaltung und Glaubensinhalt oder, wie M. SECKLER es nannte, Du-Glaube und Daß-Glaube), so sieht sie doch beides zusammen, ebenso wie die subtilere, Augustinus zugeschriebene Formel des ,,credere Deo, Deum, in Deum": ,,Wir glauben

Gott; wir glauben an ihn (Deum) und glauben (prozeßhaft) immer mehr ‚in ihn hinein' (in Deum)."

Tradition und Theologie der Gegenwart wissen, daß Glaube wesentlich Haltung des Sich-Bergens, des Sich-Anvertrauens ist, und daß er sich wesentlich ermöglicht als Geschenk der Gnade. Das „Feststehen im Erhofften" (vgl. Heb 11,1) ist es, was ihn im Kern ausmacht. Diese Haltung führt ihrer Eigenart nach zu einigen Aspekten, die mitgenannt sein müssen.

Glaube ist auf Inhalte verwiesen. Der Glaubende „weiß, wem er geglaubt hat" (vgl. 2 Tim 1,12). Er bekommt von Paulus die Dringlichkeit der richtigen Auffassung davon eingeschärft, worauf sich denn nun sein Glauben aufbaut und worauf sich seine Zuversicht stützt (Röm 10,9-11) — bis hin zum Anathem des Paulus gegen Abweichungen (Gal 1,8 f).

Neben der Inhaltsbezogenheit hat das Glauben noch andere wesentliche Eigenschaften: Es ist gemäß dem Neuen Testament immer gemeinsam und gemeindebezogen, d. h. in seinem Werden und Vertiefen immer auf Verkündigung und Zeugnis der Mitglaubenden in der Gemeinde verwiesen. Der Glaube als personale Grundbeziehung zu Jesus, von dem der Christ „Freund" (Jo 15,15) und „Bruder" (Jo 20,17) genannt wird, begreift auch die Lebenspraxis, d. h. die tätige Bemühung um das rechte Leben ein. Dabei spielt es keine Rolle, ob man dies mit dem Jakobusbrief „Werke" nennt oder ob man paulinisch sagt, der Glaube sei in der Liebe wirksam (Gal 5,6).

Glaube ist also immer der Ethik und der recht verstandenen Askese verbunden.[2] Diese hingegen sind zuallererst im Glauben begründet und durch ihn ermöglicht. Die genannten Haltungen sind aber nicht von vornherein einfach da, sondern wachsen nach einigen deutlichen neutestamentlichen Aussagen in einem Prozeß, der sich stets vertiefen muß. Ein Stehenbleiben auf einer bestimmten Stufe schadet dem Glauben und wird als Unmündigkeit im Glauben kritisiert; 1 Petr 2,2 und Hebr 5,12 sprechen hier eine deutliche Sprache. „Wachsen im Glauben" ist ein auch sonst im Neuen Testament bekanntes Thema, nicht zuletzt in den johanneischen Erzählungen, z. B. von der Samariterin (Kap. 4) oder dem Blindgeborenen (Kap. 9).

Wenn hier gefragt wird, ob dieser Glaube eine Reifungshilfe ist, so sind davon unbedingt Zerrformen zu unterscheiden, die dem Glauben ähnlich sehen und sich manchmal sogar recht fromm ausnehmen. Zu nennen wäre u. a. die Magie, die sich nicht Gott ausliefert, sondern ihn rituell zu manipulieren versucht. Dazu gehört auch der Fanatismus, der oft wie großer Glaubenseifer aussieht, sich aber strukturell von engagiertem Glauben unterscheidet: Fanatismus ist das Sich-Festklammern an bestimmten Riten und Andachtsformen (auch kirchlich approbierten), hinter die man sich versteckt, weil eine verborgene Angst da ist, sich Gott „schutzlos" auszuliefern. Glaube als Hilfe zum Reifen kann solche Zerrformen des Glaubens nicht meinen, sondern nur den Glauben der biblischen theologischen und geistlichen Tradition. Man darf sogar sagen, daß die Zerrformen des Glaubens selbst Haltungen struktureller Unreife sind wie Angst, Nicht-Vertrauen-Können u. a.

Es kann auch nicht geleugnet werden, daß der volle, gelungene Glaube im einzelnen Christen immer etwas ist, das sich mühsam gegen die Zerrformen durchsetzen und aus ihnen herauskristallisieren muß. Immer betet der Christ: „Ich glaube, hilf meinem Unglauben" (Mk 9,24). Vor diesem oft schmerzlichen Prozeß gibt es mancherlei Fluchtmöglichkeiten: Flucht in die Korrektheit erfüllter Pflicht (Gesetzlichkeit); Flucht in die fromme Leistung (Asketismus); Flucht ins Theoretisieren über Gott (in die Theologie); in das fromme Gefühl (in die Erfahrung) oder in die fromme Form (Ritualismus). Der „reife" Christ mit der Gabe der Unterscheidung wird solche Gefährdungen sehen, zugeben und gerade so über sie hinauswachsen.

3. Die Grundwirklichkeiten Reifen und Reife

Es ist problematisch zu beschreiben, was Reife ist, ohne entweder zu vage und unbestimmt zu werden oder aber dem Dogma bestimmter Psychologenschulen zu verfallen. Das Gemeinte läßt sich vielleicht mit dem bereits genannten Dokument der Studienkongregation wohl so skizzieren: „Reife ist eine komplexe Realität und nicht leicht in ihrem vollen Wesen zu beschreiben. Immerhin ist man sich einig, im allgemeinen jemanden als reif zu beurteilen, der seine Berufung als Mensch verwirklicht hat; mit anderen Worten einen Menschen, der sich die ausdauernde Fähigkeit erworben hat, sich in freier Entscheidung zu betätigen; der seine voll entfalteten menschlichen Anlagen mit guten sittlichen Gewohnheiten verbunden hat; der sich eine leichte und bleibende Selbstkontrolle seines Gefühlslebens angeeignet hat, mit der Integration seiner emotionalen Kräfte, die im Dienst der rationalen Verfügbarkeit stehen müssen; der es liebt, in der Gemeinschaft zu leben, weil er offen ist für die Hingabe seiner selbst an die anderen; der sich mit Ausdauer und klarem Sinn für die Arbeit in seinem Beruf einsetzt; der zeigt, daß er sein Verhalten nach der freien Entscheidung seines persönlichen Gewissens bestimmt; der die Freiheit besitzt, eine Erfahrung auszukundschaften, zu erforschen und auszuwerten, d. h. die Vorgänge so umzuwandeln, daß sie Erfolg für die Zukunft versprechen; also der bewährte Mensch, der seine Kräfte und Anlagen, besonders die rein menschlichen, zu einer Entwicklungsstufe geführt hat, wie man sie erwarten darf" (a.a.O. Nr. 18).

Man kann dies auch so zusammenfassen: Der reife Mensch orientiert sein Leben um einen zentralen Wert; er ist fähig zur Kommunikation (zu Vertrauen und Wahrhaftigkeit; zur Einordnung; zum Widerstand, wo dieser geboten ist; zum

Ausgleich von Nähe und Distanz; zur Freundschaft). Der reife Mensch nimmt sich selbst an samt seinen Grenzen, seinen unübersteiglichen Behinderungen und seinen Wandlungs- und Veränderungsmöglichkeiten. Er ist lernfähig und kann mit seinen eigenen Gefühlen umgehen. Er erkennt seine immer auch partiell mißlingende Reifung und die Schlacken seiner Unreife an.

Diese Bestimmung sollte noch ergänzt werden durch die Beobachtungen zweier nichtchristlicher Psychologen. E. FROMM[3] weist fast mit der Eindringlichkeit eines Bußpredigers darauf hin, daß es zwei Arten des Menschseins gibt. Entweder bezieht der Mensch verschlingend-besitzenwollend alles auf sich, um es zu „haben"; Menschen, Dinge, Prestige, Gefühle, Wissen und Können, selbst Gott werden dabei zu eingeheimsten Besitztümern. Oder aber der Mensch lebt auf Zuwendung, Kommunikation, Schenkenkönnen, Teilen, Mitsein hin. FROMM läßt keinen Zweifel daran, daß er nur die zweite Art der Lebensgestaltung als eigentlich „menschlich" betrachtet. In ähnliche Richtung gehen einige Überlegungen E. H. ERIKSONS, die im folgenden knapp skizziert werden.

4. *Aufgaben des reifen Erwachsenenseins*

Was ERIKSON in seinem Buch „Identität und Lebenszyklus" beschrieben hat[4], muß hier stark komprimiert werden. ERIKSON sieht im Lauf eines Menschenlebens normalerweise acht Grundaufgaben, die er bestimmten Lebensabschnitten zuordnet. Je nachdem, ob diese Aufgaben gelöst oder verfehlt werden, ergibt sich jeweils eine Alternative. Diese acht Schritte werden von ihm zu einer Art Lebenstabelle zusammengestellt. Dabei gibt es für ERIKSON (wie für andere heutige Psychologen und Psychagogen) die Chance zur Nachreifung.

Für das Erwachsenenalter lauten die beiden Alternativen: Generativität oder Selbstabsorption; Integration oder Verzweiflung/Lebensekel. Dabei bedeutet Generativität nicht bloß leibliche Generativität. Interessanterweise meint ERIKSON daß: „... es auch Menschen gibt, die wegen unglücklicher Umstände oder aufgrund besonderer Gaben diesen Trieb nicht auf ein Kind, sondern auf eine andere schöpferische Leistung richten ..." — Vielleicht kann man ERIKSON so deuten: Der Erwachsene muß also durch Erfahrung erleben, daß er die Welt nicht so verläßt, wie sie ohne ihn gewesen wäre. Das kann von technischer oder künstlerischer Tätigkeit bis dahin reichen, daß ein paar Menschen glücklicher geworden sind, als sie es ohne ihn gewesen wären ...

Das letzte, achte Stadium nennt ERIKSON die „Integrität", d. h. die Zusammenfassung des ganzen Lebens, die typische Altersaufgabe.[5] Was dies meint, zeigt uns die Alternative, der Fehlschlag. ERIKSON nennt dies Lebensekel und Verzweiflung. Dorthin dürfte es gehören, wenn ein Mensch in früheren Negativerfahrungen steckenbleibt, alte Wunden nicht heilen läßt, Vergebung nicht annehmen kann, sein Alter nicht annimmt, nicht Abschied nehmen kann, nicht sagen lernt: Es ist genug. Positiv kann man das wohl nur sagen, wenn ein anderes mitschwingt: „Nun entläßt du, Herr, Deinen Knecht im Frieden, denn meine Augen haben dein Heil gesehen"(vgl. Lk 2,29-32). Zum gelungenen, also reifen Menschsein gehört also nach Aussage des Psychologen ERIKSON (neben früheren Lebensaufgasben wie dem Lernen des Urvertrauens) das Hineinwachsen in Generativität und Integration.

Nimmt man die Aussagen ERIKSONs mit denen E. FROMMs über das rechte und falsche Menschsein als Grundhaltung, so zeichnen sich deutliche Konvergenzen zum christlichen Ethos und Menschenbild ab. Selbst ein auf den ersten Blick eigentümlicher Ausspruch wie das Wort Siegmund FREUDs, der psychisch gesunde Mensch sei derjenige, der arbeiten und lieben könne, weist recht besehen auf Tieferes; meint er doch, daß der reife Mensch die rechte

Stellung zur Welt der materiellen Güter und zu seinen zwischenmenschlichen Beziehungen gefunden habe.

Nach alledem kann man die Kurzformel wagen, daß „reif sein" aus der Sicht wichtiger psychologischer Erkenntnisse bedeutet: liebesfähig sein. Reif werden heißt, ein liebender Mensch zu werden. Und reif werden ist — auch im Erwachsenenalter oft fälschlich als unbewegter Block verstanden — ein Prozeß und ein Weg. Wenn Reife Liebesfähigkeit meint, wenn das Reifen ein Weg ist, so ist eines nicht zu übersehen: Dies alles ist zwar nicht das gleiche wie Glaubenlernen und Glaube als personale Beziehung. Aber es steht das eine dem anderen sehr nahe, beides durchdringt sich. Mindestens ist zu erwarten, daß der reife, vertrauenswürdige Mensch echter und tiefer glauben kann, wenn er sich auf den Weg des Glaubens begibt, als der Unreife. Damit steht allerdings nochmals die Frage nach den unreifen Zügen im Leben der Heiligen vor uns. Sie läßt sich allgemein wohl so beantworten:

— Daß Neurotisches und Heiliges koexistieren können, sollte uns weniger schockieren oder verwundern als trösten und ermutigen, denn der Durchschnittschrist, weder sehr heilig noch sehr reif, hat dann auch noch seine Chancen ...

— Daß Gott auf krummen Zeilen gerade schreibt, gibt uns allerdings (nach einem Wort K. RAHNERs) kein Recht, krumme Zeilen zu ziehen.

Wenn unter gleichen sonstigen Voraussetzungen der Reife, Reifende und Reifenwollende die besseren Chancen für ein lebendiges Glauben haben, besteht nicht der geringste Grund, Reifen und Glauben gegeneinander auszuspielen.

5. Wie hilft das Glauben dem Reifen?

Bisher wurde mehr gezeigt, daß die Reifung dem Glaubenlernen hilft. Das ist auch pastoral, besonders in einer Zeit geringer ausdrücklicher pastoraler Erfolge, sehr wichtig. Ergibt sich doch daraus u. a. , daß jede Hilfe zur Reifung indirekt Glaubenshilfe ist. Nun lautet aber unsere Frage auch umgekehrt: Kann das Glauben dem Reifen, der Menschwerdung helfen? Auch hier behaupten wir: Glaube ist Hilfe zum Reifwerden. Das ist knapp zu erläutern:

— Der Glaube gibt dem Menschen eine Sinndeutung, die ihm hilft, vertrauensvoll und zuversichtlich sein Leben zu bestehen, indem er sich einem liebenden und menschlichen Gott anvertrauen lernt.

— Der Glaube realisiert dies alles auch trotz aller menschlichen Grenz- und Negativerfahrungen, indem er eine universale, dies- und jenseitige Hoffnung bekennt.

— Der Glaube ruft den Menschen in eine ständige Erneuerung hinein. Indem er von Sünde, aber auch angebotener Vergebung redet, zerstört er auf befreiende Weise alle Spielarten von Unschuldswahn und Verdrängung dieses Aspektes der Wirklichkeit. Indem er ein Ethos personaler Liebe als Grundwert und eine an der Wirklichkeit sachlich vollzogene Normfindung („Naturrecht") vorstellt, erschließt er den Zugang zu einer im tiefsten nicht-repressiven Moral.

— Der Glaube, der sich im Gebet artikuliert und den Christen zum Beten einlädt, führt den Christen dadurch immer wieder über seinen kleinen, engen Lebenskreis hinaus, macht seinen Geist und sein Herz weit und führt in eine Lebenshaltung ein, die sich primär beschenkt weiß und so schenken lernen kann.

— Der Glaube weist in die praktische Tat ein und verpflichtet „umso mehr" (vgl. die wichtigen Aussagen in der Pastoralkonstitution des II. Vatikanischen Konzils Nr. 34) zum tätigen und weltlichen Engagement (zum „Arbeiten" im Sinne des Freudschen Wortes).

— Der Glaube führt auch durch die bloße Tatsache, daß er nur von anderen empfangen wird und im Miteinanderglauben mit anderen reift, in Haltungen menschlichen Mitseins ein.

— Der Glaube macht es möglich, daß der Mensch seine Nacherfahrungen (Enttäuschung, Mißlingen, Leid, Schuld) bestehen und verarbeiten kann.

Nochmals sei gesagt: Nur ein Glaube, der schon auf dem Weg ist, ein gelungener Glaube zu werden, hilft in der beschriebenen Form zur Reifung. Zerrformen des Glaubens, oft ohne jede Schuld durch negative Einflüsse, oft in der religiösen Erziehung der Kindheit begründet, können verletzend wirken, ja bis zu einer „Gottesvergiftung" (Tilmann MOSER) führen.[6] Aber bei Fragen nach der Reifung darf man nicht Gelungenes mit Mißlungenem vergleichen.

Der Glaube, wie Jesus und wie ihn die authentische Erfahrung der Kirche meint, ist daraufhin zu befragen, ob er der Reifung hilft. Die Frage ist, so gestellt, zu bejahen. Die kurzen Andeutungen mögen dies illustriert haben. D. EMEIS hat in einem hilfreichen Aufsatz ausführlichere Bemerkungen hierzu vorgelegt.[7]

Als Resümee ergibt sich:

— Beides, Reifen und Glauben, sind in christlicher Sicht Werte. Wer sie recht versteht, kann nicht einmal mehr den einen Wert dem anderen nachordnen; denn Glauben und Liebe durchdringen einander und gehören einander zu. Reife heißt, Vertrauen- und Lieben*können*, Glaube aber heißt, Vertrauen und Lieben — hier liegt der Unterschied. Darum sind Reifen und Glauben nicht miteinander identisch, darum ist nicht jeder reife Mensch eben nur wegen seines Reifseins schon ein (mindestens anonymer) Christ — er könnte sich ja auch (auf „reife Weise sündigend") dem Glauben versagen.

— Außerdem gehört zum Glauben im christlichen Verständnis die Inhaltlichkeit: Glauben an Jesus den Christus und Liebe zu seinen Brüdern. Auch in dieser Hinsicht ist Glauben „mehr" als das (ja inhaltlich unbestimmte) Reifsein.

— Das Reifen und die Reife helfen dem Glaubenkönnen. Ebenso hilft der Glaube dem Reifen und der Menschwerdung.

6. Ausblick: Lernschritte

Es bleibt am Ende wenigstens noch stichwortartig zu sagen, wie denn Glauben und Reifen gefördert werden können. Worauf es in all den vielen, weitherum empfohlenen inhaltlichen und methodischen „Maßnahmen" ankommt, läßt sich vielleicht so zusammenfassen:

— Der Umgang der einzelnen Menschen miteinander kann wohl die entscheidende Hilfe zur Reifung (und zur eventuell fälligen Nachreifung) sein. Man muß es erfahren, was Angenommensein, Verständnis, Güte, Freundschaft ist. Man muß durch Umgang die Chance bekommen, zu lernen, sich zu korrigieren, kommunikationsfähig zu werden. Es ist vielleicht sogar zu überlegen, ob das, was man „gesellige Veranstaltungen" im Raum der Kirche zu nennen pflegt, von hier aus nicht eine andere Beurteilung erfahren sollte.

— Eine weitere Grundaufgabe ist das Lernen von Vertrauen und Gespräch; denn im Austausch wird man zum starken Ich, im Austausch erfährt man Trost und Zeugnis zum Glauben. Die Kunst, zu sprechen, im Einzelgespräch und im Gruppengespräch, ist nicht nebensächlich.

— Von beiden Ansätzen her ergibt sich die Wichtigkeit der Gruppenarbeit. Gegenüber Mißbräuchen und Verkennungen, insbesondere innerhalb der als ganzer zu Unrecht verdächtigten „Gruppendynamik" bzw. gruppendynamischen Arbeit ist die Wichtigkeit gelingender Gruppenarbeit zu betonen. Wie aber soll diese gelingen, wenn sie ideologisch totgeschlagen wird? Schließlich wird das Thema „Gruppe" zunehmend auch für die pastoralen Strukturen bedeutsam werden, wie es in vielen Ländern schon ist.[8]

— Nicht zuletzt wird die Atmosphäre und das (mehr oder weniger „menschliche") Klima in den Gemeinden wichtig sein. An ihm entscheidet sich häufig, ob vorhandene Chancen zu Glauben und Reifen aufgegriffen werden und ob diese überhaupt bekannt sind. So sehr auch die Rede davon, daß „man sich in der Gemeinde wohlfühlen müsse", zum ideologischen Zerrbild dafür geraten kann, daß es nur dort „gut" zugeht, wo man sich (momentan) „wohlfühlt", so sehr ist doch andererseits die kühle, korrekte, orthodoxe, aber auch steife Atmosphäre in manchen Gemeinden ein Anzeichen dafür, daß es ein Defizit an Menschlichkeit, menschlicher Reife gibt, die gleichzeitig zum Glaubenshindernis werden kann.

Wo man Menschwerden (Reifung) und Christwerden (Glauben) gleichermaßen bejaht, tut sich schon fast wie von selbst die Chance zum Gelingen beider auf. Dabei ist der Glaube durchaus mehr als bloß „Antwort auf alle Fragen" oder als menschliche Sehnsucht; denn er korrigiert diese, durchkreuzt sie und übererfüllt sie zugleich (zum letzteren vgl. das Tagesgebet vom 20. Sonntag im Jahreskreis). Das tut er eben am besten dann, wenn Reifung und Reife ihren Raum finden: Dann hilft der Glaube, Mensch zu werden, wie andererseits erst im glaubenden Christsein Menschsein „in Fülle" (vgl. Joh 10) verwirklicht wird.

Glaube ist weder Opium noch Analgetikum, er ist überhaupt kein „Mittel", sondern die vom Menschen realisierte Begegnung mit dem unergründlichen Gott in seinem konkreten Christus. Gerade so aber wirkt er sich aus, auch als „Friede, Freude", Selbstfindung, Reife. Die Auswirkungen des Glaubens sind also Früchte des Geistes (Gal 5,22) und die Erfüllung des Menschseins.

ANMERKUNGEN

1 A. GÖRRES: Verdirbt das Christentum den Charakter? In: Ders., Kennt die Psychologie den Menschen? Fragen zwischen Psychotherapie, Anthropologie und Christentum. München 1978, S. 192-208

2 Vgl. hierzu meinen Versuch: Wer sein Leben retten will. Selbstverwirklichung und Askese in einer bedrohten Welt. Mainz 1978

3 E. FROMM: Haben oder Sein. Die seelischen Grundlagen einer neuen Gesellschaft. Stuttgart 1976

4 E. H. ERIKSON: Identität und Lebenszyklus. Frankfurt 1966

5 Vgl. meine Skizze: Alter und Altern in theologischer Sicht. In: N. MÜLLER, H.-E. RÖSCH, B. WISCHMANN (Hg.): Alter und Leistung. Mainz 1979, S. 135-144

6 A. GÖRRES: Pathologie des katholischen Christentums. In: F. X. ARNOLD, K. RAHNER, V. SCHNURR, L. M. WEBER (Hg): Handbuch der Pastoraltheologie. Bd. II/1. Freiburg 1966, S. 277-343

7 D. EMEIS: Christlicher Glaube — Einladung zum Leben. In: StZ (1978), S. 695-704

8 Hierzu neuerdings eine Übersicht bei: F. KLOSTERMANN: Wie wird unsere Pfarrei eine Gemeinde? Wien 1979 (der Abschnitt: Die christlichen Basisgruppen und Gemeinden. ebda., S. 149-171). W. RÜCK; Gemeindeaufbau durch Gruppen. In: Lebendige Seelsorge 27 (1976), S. 318-324; P. LIPPERT: Gruppen und ,,Klein-Gemeinden" in der Kirche. Entstehung — Chancen — Grenzen. In: Wort und Antwort 18 (1977), S. 74-79 und S. 97-101

Reicht die religiöse Kraft des Elternhauses für die Religiosität der Kinder heute?

Rudolf Fischer-Wollpert

Hintergrund meiner Antwort auf die im Thema gestellte Frage ist die Aussage des Synodenbeschlusses „Christlich gelebte Ehe und Familie": „Die Familie ist fast immer das Glaubensschicksal des Kindes. Glauben ist Geschenk, das man in der Gemeinschaft empfängt, in der Gemeinschaft wachsen läßt und das in der Gemeinschaft zur Wirkung kommt. Die Eltern bekennen sich bei der Taufe vor der Gemeinde zu der Verpflichtung der Weitergabe des Glaubens an ihre Kinder. Ihre eigene Gläubigkeit schafft die Atmosphäre, in der ein Christ für das Leben heranwachsen kann." (2.4.1)

Was die Synode hier als allgemein anerkannte Tatsache aussagt, muß auf den Realitätsbestand der heutigen Familien hin geprüft werden, um die im Thema gestellte Frage beantworten zu können.

1. Die reale Situation

Jede Erziehung — auch die religiöse — hat eine dreifache Aufgabe: Information — Vermittlung von Werten — Einführung in das konkrete Leben. Auf die heutige religiöse Erziehung angewandt, bedeutet dies folgende Überlegungen:

Die religiöse Erziehung ist bei Eltern und Kindern durch ein starkes *Informationsdefizit* gekennzeichnet. Das zeigte sich beispielsweise bei der Frage nach der Existenz eines persönlichen Teufels oder bei der moraltheologischen Beurteilung des fälschlich so genannten „Retortenbabys", das im Sommer 1978 in England zur Welt kam. Dieses Defizit wird aber noch leichter in religionspädagogischen Arbeitshilfen greifbar. Im „Religionsbuch 3"[1] stehen unter der Überschrift „Weltmissionstag" zwei Texte. Der erste lautet: „Bei uns hat es geschneit. Die Welt ist weit. In Afrika ist es jetzt heiß, und der schwarze Junge weiß (der Lehrer hat es erzählt), was im Norden vom Himmel fällt, heißt Schnee. Ein Junge fährt auf dem Schlitten, und in Santa Fé ist einer durch die Stadt geritten. Die Welt ist weit. Bei uns hat es geschneit. Weiß das schwarze Kind, daß wir alle Brüder sind?" — Dann kommt als Haupttext ein Lied: „ So viele Kinder weinen, denn sie sind krank und schwach. Wer denkt an sie, wer sorgt für sie? Wer Jesus liebt, der sorgt für sie." (Diese letzten Worte werden nach jedem Satz wiederholt.) „Die Armen leiden Hunger und sind in großer Not. — Und viele sind verlassen, die niemand herzlich liebt. — Wer hört die Völker klagen, weil sie der Krieg bedrängt? — Wie arm sind auch die Menschen, die leben ohne Gott. — Wer weiß, wie viele sterben noch heute auf der Welt." Diese beiden Texte sind die einzigen Aussagen zum Thema „Weltmission". Geht es hier wirklich um Mission? Beim gleichen Thema „Weltmission" erklärt ein Kind im 3. Schuljahr: „Weltmission, das klingt wie Eurovision." Das kennen die Kinder, Weltmission nicht: Informationsdefizit!

Es erscheinen in unserer Zeit zwar sehr viele Bücher, die sich mit dem Glauben befassen. Wahllos aus vor Weihnachten versandten Verlagsprospekten herausgegriffene Buchtitel zeigen den Trend der Thematik: Sie bemühen sich fast ausnahmslos um *das* Glauben, also die Art des persönlichen Glaubensvollzuges, was zweifellos nötig ist. Aber es fehlen offenbar Bücher, in denen *der* Glaube, also die Glaubensinhalte, entsprechend dargelegt werden. Anders ausgedrückt: *Wie* wir glauben können, wird vielfach gesagt; *was* wir glauben müssen, kommt dabei zu kurz. Wie sollen Eltern informieren, wenn sie den Inhalt der Information gar nicht kennen oder ihn gar ablehnen? Das Allensbacher Institut für Demoskopie legte 1967, 1972 und 1977 jeweils 2.000 ausgewählten Bundesbürgern die Frage vor, was man Kindern für ihr späteres Leben alles mit auf den Weg geben sollte. 1967 hielten 33 Prozent der Männer und 43 Prozent der Frauen die Vermittlung eines „festen Glaubens" und einer „festen religiösen Bindung" für besonders wichtig. 1972 hatten diese Zahlen jeweils um 10 Prozent abgenommen, und heute sind es nur noch 18 Prozent der Männer und 30 Prozent der Frauen, die das für wichtig halten.[2]

Die zweite Aufgabe der religiösen Erziehung *Vermittlung von Werten* ist angesichts des Pluralismus in der heutigen Gesellschaft schwierig. Natürlich will niemand den Pluralismus abschaffen; denn die Alternative dazu wäre ein totalitärer Staat mit einer verordneten Weltanschauung. Praktisch aber bedeutet Pluralismus: Sehr viele verschiedene Weltanschauungen bieten sehr viele und verschiedene Werte an, die oft sehr eingängig sind und ein Erfolgsrezept für die Selbstverwirklichung wie für das gesellschaftliche Zusammenleben anzubieten scheinen. Wie wirksam solche Wertangebote sind, die ja nicht nur aus unserem abendländischen Lebenskreis kommen, zeigen z. B. die sogenannten Jugendreligionen. Die Grundwerte des Lebens stehen also in einem lebhaften Konkurrenzkampf.

Die deutschen Bischöfe haben im Mai 1976 in einem Hirtenbrief „Gesellschaftliche Grundwerte und menschliches Glück" darauf hingewiesen, wie angefochten die Grundwerte heute sind: „Gegenwärtig zeigen sich Verschiebungen im Wert- und Normbewußtsein unserer Gesellschaft. Viele Bürger stehen kritisch, wenn nicht ablehnend gegenüber verpflichtenden Ansprüchen des Sittengesetzes. Die personale Verantwortung des einzelnen wird oft mit subjektiver Beliebigkeit vertauscht." (S.8)

Die Bischöfe verweisen in diesem Zusammenhang auf das Bestreben, soziales Fehlverhalten immer seltener dem einzelnen als Folge sittlich falschen Handelns anzulasten, sondern vielmehr es als Folge einer verkehrten Gesellschaftsstruktur hinzustellen. Der Synodenbeschluß „Unsere Hoffnung" spricht deshalb vom „heimlichen Unschuldswahn" und vom „unheimlichen Entschuldigungsmechanismus" (I/5). Unter den angefochtenen Grundwerten nennen die Bischöfe: die Familie, die Einstellung zu den sozialen Diensten, Bildungsziele und -inhalte und das Demokratieverständnis. Ferner ist nicht zu übersehen: „Die Unsicherheit im Wertbewußtsein äußert sich häufig auch in einer eigenartigen Unklarheit der Begriffe. Grundwertbestimmungen wie Frieden, Freiheit, Gerechtigkeit werden ideologisch besetzt und mit beliebigen Inhalten gefüllt." (Gesellschaftliche Grundwerte und menschliches Glück, S. 9) Jeder weiß, wie man nur die Inhalte der Wörter verändern muß, wenn man die Lebensweise der Menschen ändern will.

Woran sollen sich die Eltern angesichts dieses Pluralismus halten? Wer weist sie mit wirklicher Begründung auf die geltenden Werte hin — was etwas ganz anderes ist als Indoktrination und Manipulation?

Die dritte Aufgabe der religiösen Erziehung „Einführung in das konkrete religiöse Leben" leidet unter der Entchristlichung in unserer Gesellschaft. Religion ist zwar die persönlichste Entscheidung des einzelnen; sie vollzieht sich aber immer im sozialen Kontext. Nicht nur der Kirchenbesucher, auch die Glaubenssysteme und das Urteil über religiöse Institutionen sind sozial verankert. Selbst das Persönlichste des Glaubens lebt nicht in sozialer Abstraktheit. Insofern betrifft Entchristlichung nicht nur den einzelnen, sondern auch die gesellschaftlichen Lebensformen, die wieder auf den einzelnen zurückwirken.

Entchristlichung ist nicht mit Entkirchlichung gleichzusetzen: Die Entchristlichung reicht weit über den Kreis der aktiven Kirchenmitglieder hinaus; denn Millionen sehen sich als Christen, auch wenn sie nur eine sehr schwache Bindung an die Kirche haben. Wo aber die Bindung an die Kirche gelockert oder gelöst wird, verliert mit der Zeit auch das Christliche seine bestimmende Kraft; denn es kann auf die

Dauer außerhalb der Kirche kein Christentum geben, das diesen Namen zu Recht trägt. Das bedeutet nicht nur, daß sich die Auffassung von den Grundwerten immer mehr aus dem Lebensbereich des Christlichen entfernt, sondern daß auch die religiöse Praxis schwindet. A. GÖRRES sagt dazu: „In den Organen der öffentlichen Meinungsbildung ... holt sich der Mensch die Bestätigung, daß er auf dem rechten Weg ist, daß er denkt, was viele denken, tut, was alle tun. Hier ist die Quelle seiner Heilsgewißheit und seiner Rechtfertigung; denn es gehört zu den gefährlichsten Dogmen der bürgerlichen Neuzeit, daß das Durchschnittliche und Mittelmäßige auch das Normale, das Gesunde und Heilsverbürgende ist. Die Statistik wird zur Ersatztheologie. Was die große Mehrheit tut, kann nicht sinnlos und wertlos sein. So ist die Zeitungslektüre, regelmäßig wie früher das Gebet, zum Ersatz der täglichen Gewissenserforschung geworden. Sie sichert das Bewußtsein, besser zu sein als viele andere, an der gemeinsamen Wahrheit teilzuhaben und durch diese Glaubensgemeinschaft gerechtfertigt zu werden."[3]

Die Aussagen dieses Zitats lassen sich auf die religiöse Kraft der heutigen Familie beziehen, besonders hinsichtlich des „früher regelmäßigen Gebetes". Nicht nur, daß Schulkinder praktisch nicht mehr beten; sie kennen oft gar keine Gebete, was Rückschlüsse auf das Elternhaus zuläßt. Aber auch hier bilden die Familien keine Ausnahme: Bei der Priesterbefragung vor Beginn der Gemeinsamen Synode war für die meisten befragten Priester das Fundament ihres priesterlichen Dienstes der Wunsch, für andere da zu sein. Das war ihnen wichtiger als die personale Beziehung zu Gott. Aus der Befragung ergab sich ferner, daß die besonderen Hilfen im geistlichen Leben vorwiegend in Seelsorgearbeit und geistlichem Gespräch gesehen wurden, nicht in Gebet, Schriftlesung und Meditation.[4] Daß Priester über „einige vom Kirchenrecht vorgeschriebene Frömmigkeitsübungen hinaus" das spirituelle Leben nicht sehr hoch schätzen, beklagt M.

LEGAUT.[5] Hans Urs von BALTHASAR hofft, daß auch die Priester allmählich von der ,,Grundwelle des Betens" erfaßt werden, der die Laien sich hingeben.[6]

Sieht man genauer hin, dann erkennt man nicht nur die Symptome der fehlenden Gebetspraxis, sondern auch ihre Ursachen: die Entfremdung des Menschen von sich selbst. Der Mensch stürzt sich wie gehetzt von einer Tätigkeit in die andere, so daß für den ,,Macher" kein innerer Raum für das Gebet bleibt, wie ja das Gespräch überhaupt schwieriger und seltener geworden ist. Eine weitere Ursache ist die Glaubensnot. Wer nicht an Gott glaubt, wird auch nicht beten. Das Wichtigere in der heutigen Zeit scheint aber zu sein, daß auch gläubige Menschen an den Übungen des Gebetes Abstriche zu machen beginnen, was an einem allgemeinen Klima der fehlenden Gotteserfahrung liegen mag. Fehlende Gebetspraxis ist auch bedingt durch eine unrichtige Gebetserziehung, die sich im Aufsagen gelernter Formeln erschöpft, und durch eine unrichtige Gebetspraxis, die durch das Sprichwort ,,Not lehrt beten" gekennzeichnet ist.

Insgesamt müßte man zu diesem Thema auch die Gedanken R. GUARDINIs bedenken: ,,Im allgemeinen betet der Mensch nicht gerne. Er empfindet dabei leicht eine Langeweile, eine Verlegenheit, einen Widerwillen, geradezu oft eine Feindseligkeit. Alles erscheint dann reizvoller und wichtiger. Er sagt, er habe keine Zeit, und das und jenes sei dringlich; sobald er aber daraufhin das Gebet verlassen hat, kann er die überflüssigsten Dinge tun. Der Mensch muß aufhören, Gott in sich selbst zu belügen. Viel besser, er sagt ganz offen: Ich will nicht beten, als daß er solche Listen anwendet. Viel besser, er verschanzt sich auch nicht hinter der Rechtfertigung, wie er sei zu müde, sondern erkärt rundheraus: Ich habe keine Lust. Das klingt nicht schön und die Kümmerlichkeit liegt zutage, aber es ist die Wahrheit, und aus ihr führt der Weg leichter voran als aus der Verschleierung ... Man hört oft sagen, das echte Gebet lasse sich weder wollen noch befehlen, sondern müsse wie die Flut aus der Quelle von selbst aus dem Innern kommen ... In Wirklichkeit scheint das Gebet aus dem inneren Drange fast die Ausnahme zu sein. Wer es mit seiner Beziehung zu Gott redlich meint, sieht bald ein, daß das Gebet ... in erster Linie Dienst ist, der in Treue und Gehorsam getan werden soll ... Das besteht vor allem darin, daß es zu bestimmten Stunden verrichtet wird."[7] Hier steht auch der viel zitierte Satz: „Man kann auf die Dauer kein Christ sein, ohne zu beten - so wenig man leben kann, ohne zu atmen."

Wenn von der religiösen Kraft der Familien gesprochen wird, muß noch ein weiterer Gesichtspunkt erwähnt werden: die Bedeutung nämlich, die die *Intaktheit der Familie* für die religiöse Kraft hat. Die große — statistisch belegbare — Häufigkeit der Ehescheidungen in der Bundesrepublik (in den letzten Jahren — ebenfalls statistisch belegbar — vor allem in rein katholischen Ehen mit kirchlicher Trauung) zeigt in der Konsequenz die mangelnde religiöse Kraft. Wo man in der veröffentlichen Meinung der Massenmedien fast nur noch zeigt, daß das Scheitern einer Ehe das Natürlichste und Selbstverständlichste ist, weil „zwischen uns nichts mehr läuft", wo man keinen Neuanfang nach Krisen wagt und Vergebung erlittenen Unrechts als überfordernd weit von sich weist, da fehlt nicht nur die religiöse, sondern auch die menschliche Kraft, Kindern einen Weg ins Leben zu zeigen.

Ein Gegenbeispiel mag hier angeführt werden: In einer Großpfarrei im Zentrum einer Diaspora-Großstadt gab es zwischen 1960 und 1970 in jedem zweiten Jahr eine Primiz. Zwar sagte man früher immer: „Wenn ein Junge Priester werden soll, muß schon die Großmutter eine Heilige sein", wobei man diese Heiligkeit vor allem auf Gebet und Frömmigkeit bezog. Die Nachprüfung der genannten Primizen gab jedoch auch noch ein anderes Bild: Manche Primizianten kamen aus religiös völlig abständigen, aber intakten Familien.

Zieht man nach diesen Überlegungen im Hinblick auf die Frage unseres Themas nach der ausreichenden religiösen Kraft des Elternhauses für die Religiosität der Kinder heute die Bilanz, so fällt sie negativ aus. Wenn wir jetzt jedoch die Hilfen bedenken, die den Eheleuten gereicht werden müssen, dann könnte die Antwort anders lauten.

2. *Notwendige Hilfen*

Damit das Elternhaus nicht zum negativen Glaubensschicksal der Kinder wird, müssen die Eltern in ihrer Situation Hilfen erfahren.

Um das *Informationsdefizit* zu überwinden, müssen wir uns um eine für alle verständliche Darlegung der Glaubensinhalte bemühen. Ein wichtiger Schritt dazu kann der kürzlich im Auftrag der Bischöfe von Augsburg und Essen erschienene „Katholische Katechismus“ mit dem Titel „Botschaft des Glaubens“ sein.[8] Natürlich lassen sich, wie geschehen[9], gegen dieses Buch Einwände erheben: Es sei nicht kindernah genug, es sei für den schulischen Religionsunterricht unbrauchbar, es spreche eine zu theologische Sprache und es hole die dem Glauben Fernstehenden nicht dort ab, wo sie sich befinden. Ohne auf das Für und Wider näher einzugehen, muß man die orientierende Absicht dieses „Nachschlage“-Werkes sehen. — Ein ausgezeichnetes Hilfsmittel, um das genannte Informationsdefizit zu beheben, ist der Synodenbeschluß „Unsere Hoffnung“, der allerdings immer noch ein recht unbemerktes Dasein fristet. Hier werden unter dem Gesichtspunkt der Hoffnung in einer entsprechenden Form die wesentlichsten Glaubensinhalte ausgesagt. Als Hilfe für die Familien könnte das Durcharbeiten dieser Texte in Glaubensgesprächen angeboten werden, die sich aber nicht darin erschöpfen dürfen, daß jemand einen gescheiten Vortrag hält, nach dem man wieder auseinandergeht und bis zum nächsten Mal alles vergessen hat. Nur eine echte Arbeitsgruppe kann solche Texte bearbeiten.

Von den Familien her kann an eine Darlegung der Glaubensinhalte noch eine andere Forderung erhoben werden. Nach dem bekannten Paulus-Wort im Römerbrief (10, 17) kommt der Glaube vom Hören. Kardinal RATZINGER[10] hat darauf hingewiesen, daß in diesem Satz „weit mehr als der Reflex einer vergangenen geschichtlichen Stunde vorliegt. In der Formel ‚Der Glaube kommt vom Hören' ist vielmehr eine bleibende Strukturaussage gegeben über das, was hier geschieht. Glaube ist das mir Gesagte, das mich trifft, ruft, in Verpflichtung nimmt". Meine Bitte in diesem Zusammenhang heißt deshalb: Die Religionspädagogen möchten den Familien ein Buch bereitstellen, aus dem in der Familie der Glaube gesagt, das heißt dann auch gehört werden kann.

Hinsichtlich des *Pluralismus* in den Grundwerten und der Angefochtenheit der Werturteile müssen in den Familien grundlegende, ganz „einfache" Werte eingeübt werden. Den Zusammenhang zwischen Grundwerten und Grundhaltungen verdeutlichten die deutschen Bischöfe in dem Hirtenschreiben mit dem Titel: „Grundwerte verlangen Grundhaltungen", September 1977, in welchem die vier bekannten Kardinaltugenden behandelt werden. Der Synodenbeschluß „Unsere Hoffnung" nennt d i e Grundhaltung christlichen Lebens: „Das Bekenntnis zu Jesus Christus weist uns in seine Nachfolge ... Sie allein kennzeichnet den Weg zur Erneuerung der Kirche. Unsere Identität als Christen und Kirche finden wir nicht in fremden Programmen und Ideologien. Nachfolge genügt." (III Einl.)

Der Synodenbeschluß „Christlich gelebte Ehe und Familie" nennt einige andere Grundhaltungen: „In der Familie kann der Mensch Befreiung von Angst und Einsamkeit und damit ein Stück ‚Erlösung' erfahren. Hier umfangen ihn das Vertrauen, die Geborgenheit und die Fürsorge, die auf das Angenommensein durch Gott und auf Gottes Treue hinweisen. Die Eltern schaffen durch ihre Haltung den Zugang zu dem Gott, der sich von uns ‚Vater' nennen läßt: Vater und Mutter leben durch ihre Hingabe vor, daß Leben nicht Selbstbehauptung, sondern Dienst am anderen zum Inhalt hat; die Geschwister erziehen sich gegenseitig zu Brüderlichkeit und Verständnis füreinander. Die Alltäglichkeiten des Familienlebens bahnen in ihrer Prägekraft den Weg zu einem gläubig-religiösen Leben: das gemeinsame Mahl, Gespräch, Fest und Feier, Spiel, Umgangsformen, gerne gewährte Vergebung, gelebtes Brauchtum. All dies erfährt seine Vertiefung und Verklärung im Gottesdienst, in den Sakramenten, im Gebet und bewährt sich im rechten Stehen in der Welt. Ein mögliches Modell so verstandener Spirtitualität wäre etwa die Ausprägung christlicher Grundhaltungen des Dankes, der Versöhnung und der Verantwortung. Im Dank realisiert sich der Glaube an den Schöpfergott, der uns trägt und die Welt mitgestalten läßt. In der ständigen Bereitschaft zur Versöhnung zeigt sich der Glaube an den menschgewordenen Gott in Jesus Christus, der Versöhnung stiftet und uns immer wieder annimmt. Der Glaube an den Heiligen Geist drängt uns zum Antwortgeben auf die Liebe, die wir empfangen, die uns in Wort und Sakrament zufließt. Dank, Versöhnung und Verantwortung müssen in der Familie vorgelebt, eingeübt und in zunehmend freier Entscheidung des Kindes zur Entfaltung gebracht werden." (2.4.1)

„Grundhaltungen" kann man im überkommenen Sinn mit „Tugenden" gleichsetzen; diese aber scheinen heute „im Abseits" zu stehen.[11] In manchen schulischen Religionsbüchern erscheinen sie nur ganz verschämt. Müßten wir den Familien, deren Kraft wir stärken wollen, nicht eine praktische Hinführung, z. B. zu den Grundtugenden der heutigen Zeit, an die Hand geben: Kontaktsuche, Ehrfurcht, Toleranz, Verantwortungsbereitschaft und natürlich zu den übrigen Tugenden ganz allgemein? Jedenfalls genügen die in der oben erwähnten Umfrage des Allensbacher Instituts von 1967, 1972 und 1977 genannten „Tugenden" „Höflichkeit und gutes Benehmen, Sich-Durchsetzen und Nicht-so-leichtunterkriegen-Lassen, die Arbeit ordentlich und gewissenhaft tun" allein nicht für den christlichen Lebensvollzug, auch wenn sie von den Befragten zu 70 Prozent für wichtig erachtet werden.[12]

Zum Thema *Entchristlichung* habe ich oben nur auf einen einzigen Punkt hingewiesen, das Gebet in der Familie. Dazu sagt der Synodenbeschluß über die christliche Ehe: „Jede Familie muß ihren Stil der Spiritualität finden und pflegen. Möglichkeiten gemeinsamen Gebetes sollen gesucht und wahrgenommen werden. In manchen Familien finden regelmäßig Gebetszeiten, Familienandachten und Samstagsgespräche über die Sonntagslesungen statt ... Die Synode ermutigt die Familien, erfinderisch zu sein in der Suche nach zeitgemäßen Formen der Spiritualität, die beiden Generationen entsprechen; denn keine Familie kann ohne Schaden für den Glauben für immer auf das gemeinsame Gebet verzichten. Auftauchende Schwierigkeiten und mögliche Enttäuschungen oder Fehlschläge sollen dabei kein Grund zur Entmutigung sein. Keine Familie kann alles, jede aber sollte etwas verwirklichen." (2.4.2)

Auch dazu gibt es Hilfsmittel: Im „Gotteslob" findet sich eine Fülle von Anregungen zum gemeinsamen Gebet in der Familie; Familien- und Hausgebetbücher werden angeboten. Diese zeigen die Möglichkeiten, wie man beten kann; vielleicht müßten wir hier darum bitten, daß auch die Tatsache eingehender begründet wird, *daß* man beten muß: als einzelner, um „leben zu können" (R. GUARDINI) — als Familie, um „Schaden für den Glauben" abzuwenden (Synode).

Eine Stütze kann das Familiengebet im Brauchtum finden, das früher einmal sicher sehr vielfältig in der Familie gepflegt wurde, das aber heute wohl seinen Platz geräumt hat. Natürlich ist geistlos vollzogenes Brauchtum wertlos. Sollten wir aber den Familien nicht Hilfen anbieten, die ihnen zeigen, welches Brauchtum heute noch gepflegt werden kann, und zugleich, wie man es pflegt? Manches Brauchtum, das im Laufe der letzten Jahre und Jahrhunderte in der Kirche aufkam, wird sicher nicht von allen in seiner wirklichen Zielrichtung verstanden.

Für das Bestreben, daß die Familien *intakt* bleiben und immer mehr intakt werden, also im echten Sinn partnerschaftliche Lebensgemeinschaft sind, nennt die Synode einige Hilfsmittel: Begegnungsstätten, in denen Zusammenkunft, Unterhaltung und Information möglich sind; Gesprächs- und Familienkreise sowie ein kirchliches Angebot für Ehe- und Familienberatung. Als Ausweitung des vor der Taufe vorgeschriebenen Taufgesprächs weist die Synode auf das Entstehen von Kreisen junger Familien hin (Schwerpunkte heutiger Sakramentenpastoral B 3.1.2).

Sehr wichtig (da noch nicht überall verwirklicht) erscheint der letzte Satz des Synodenbeschlusses über die Ehe: „In allen Diözesen sind bei der Ausbildung und bei der Weiterbildung der Seelsorger die Aufgaben und Methoden einer zeitgerechten Ehe- und Familienpastoral zu berücksichtigen." (4.2.3)

3. Und in Zukunft?

Geht man davon aus, daß sich wirklich Familien finden, die sich um ihre religiöse Kraft und dadurch um die Religiosität der Kinder bemühen folgt die Frage: Wie viele werden es sein im Vergleich zur großen Zahl der Familien überhaupt und auch der kirchlich noch gebundenen Familien? Reicht die Kraft dieser doch sicher recht kleinen Zahl aus, um in der Kirche überhaupt künftig Religiosität zu verlebendigen? Die Heilige Schrift gibt darauf eine Antwort: Im Alten Testament beschreibt sie das Feilschen Abrahams mit Gott vor der Zerstörung Sodomas; wenn sich nur zehn Gerechte in der Stadt finden, wird sie gerettet. Und im Neuen Testament sind zwölf Apostel die Grundlage der gesamten Verkündigung der Frohbotschaft; sie unternehmen es, den Erdkreis für Christus zu missionieren.

Von daher wird die thematische Frage, ob die religiöse Kraft der heutigen Familien für die Religiosität der Kinder ausreiche, nicht mit einem Nein zu beantworten sein, vor allem dann nicht, wenn wir die Eltern anhalten, nicht nur *mit* ihren Kindern zu beten, sondern sich auch *für* sie zu Gott zu wenden. Die heilige Monika ist hier ein besonders leuchtendes Beispiel der religiösen Kraft des Elternhauses und der Religiosität der Kinder.

ANMERKUNGEN

1 Verlag Auer, Donauwörth 1973, S. 58

2 KNA ID v. 7. 12. 1978

3 In: Glauben heute, hg. v. J. M. REUSS, Mainz 1962, S. 67

4 G. SCHMIDTCHEN; Priester in Deutschland. Freiburg 1973, S. 177 und 198, Tabelle A 72 und A 92

5 Meine Erfahrung mit dem Glauben, S. 361

6 Im Vorwort zu: F. GUIMET: Existenz und Ewigkeit. Einsiedeln 1972, S. 7

7 Vorschule des Betens, Mainz ^{2}1948, S. 13 f

8 Donauwörth — Essen 1978

9 Rheinischer Merkur v. 8. 12. 1978

10 Einführung in das Christentum, München ^{6}1967, S. 61 ff

11 B. STOECKLE: Wörterbuch christlicher Ethik. Freiburg 1975, S. 243

12 Vgl. Anm. 2

Anmerkung der Redaktion: Kurz vor Drucklegung dieses Buches erschien der neue katholische Katechismus „Grundriß des Glauben". Seine Theologie wurde bereits als „grundsolide und gewinnend zugleich" (Wolfgang Nastainczyk) bezeichnet und auch für Gemeindekatechese und Erwachsenenbildung empfohlen. Daher darf man wohl annehmen, daß dieses Werk bereits dem hier vorgetragenen Wunsch des Autors entspricht, die Religionspädagogen mögen „den Familien ein Buch bereitstellen, aus dem in der Familie der Glaube gesagt werden kann".

Die Gefahr, Religion und Glauben ideologisch zu mißbrauchen[1]

Stephan Wisse

1. Zum Problem

Eindeutig religiöse und ebenso deutlich ideologische Phänomene sind anscheinend nur mühsam voneinander zu unterscheiden. Selbst Religionswissenschaftler und Ideologiekritiker tun sich schwer damit. Nicht selten wird der Begriff „Religion" von bestimmten Ideologien und Ideologiekritikern dem Begriff „Ideologie" wie einem Gattungsbegriff untergeordnet. Noch verwirrender ist der umgangssprachliche Gebrauch: Religion und Ideologie werden allzuoft synonym verwendet. Auch das Christentum bzw. die christlichen Kirchen werden im Zusammenhang mit Ideologien eingeordnet oder qualifiziert.

Nun denken viele Menschen über Ideologien schlechthin geringschätzig. Folglich sind auch Religion und Glaubensvollzug im vorhinein nicht ernst zu nehmen bzw. wertlos. Man entdeckt zudem im Umgang mit heute vorherrschenden Ideologien eine durchweg antireligiöse und antichristliche Einstellung. Dafür sind zum Teil politische Gründe maßgebend. Doch hat eine sogenannte pankritische, aufklärerische Weltzugewandtheit sicherlich nicht weniger dazu beigetragen. Sie stellt nicht nur aus erkenntnistheoretischem Prinzip alles in Zweifel, sie meldet vielmehr gegenüber allem, was mit sogenannter Metaphysik zu tun hat, von „höherer Warte aus" grundsätzlich Bedenken an.

Aber der Begriff Ideologie findet nicht nur in geisteswissenschaftlichen Abhandlungen Verwendung. In diesen scheinen Ideologien noch Gedankengebilde oder innerwissenschaftliche Hypothesen zu sein. Im politischen und gesellschaftlichen Umfeld sind sie eher Mittel der Selbstbehauptung, der kämpferischen Auseinandersetzung, der Herrschaft über ganze Völker und Völkergruppen. So sind Ideologien aus der geistigen und politischen Wirklichkeit unserer Zeit kaum noch wegzudenken; deshalb kann auch die Theologie sie nicht einfachhin übersehen. Will sie sich nicht selbst dem Ideologieverdacht aussetzen, muß sie sich mit ihnen ernsthaft auseinandersetzen. Das gilt vor allem auch von ihren „praktischen" Bereichen der Verkündigung, Katechese und Pastoral.

Hier gilt es zunächst, Religion und Ideologie so deutlich wie möglich zu unterscheiden. Dann soll den Fragen nachgegangen werden, auf welche Voraussetzungen hin Religionen — und so auch das Christentum — in Ideologieverdacht geraten sind bzw. geraten können. Schließlich muß untersucht werden, wie sich Religionen bzw. die Kirche Jesu Christi vor möglicher Ideologisierung und Ideologieverdächtigung bewahren können.

2. Der Begriff Religion

Es gibt bis heute keinen einheitlichen Begriff von Religion. Das kann sogar ein Vorteil sein. Im universalen ökumenischen Dialog muß deswegen auf den Verstehenshorizont des jeweils verwendeten Religionsbegiffs genau geachtet werden. Im folgenden mögen zwei Beispiele dies verdeutlichen:

H. SCHRÖDER umschreibt Religion als „die Gesamtheit der Erscheinungen, in denen Menschen das Bewußtsein der radikalen Endlichkeit ihrer Existenz und deren reale Überwindung ausdrücken".[2] Diese Definition stellt aus der Analyse religiöser Phänomene Kriterien für einen Religionsbegriff auf und versucht diesen dann zu entwickeln. Aber der transzendente Aspekt ist lediglich ein Sich-Transzendieren auf seiten des Menschen. Eine Ideologie der Selbsterlösung könnte gegebenenfalls unter dieser Umschreibung noch subsumiert werden.

Nach K. KLOSTERMAIER ist Religion ,,die bewußte, tätige Anerkennung einer absoluten (,heiligen') Wirklichkeit, von der sich der Mensch existentiell abhängig weiß".[3] Diese Umschreibung hat die subjektive Seite des religiösen Lebens im Blick. Sie nennt aber in Anerkennung einer absoluten und transzendenten Wirklichkeit von vornherein ein Kriterium, das jede Möglichkeit von Selbsterlösung und Magie ausschließt; bzw. sobald menschliches Verhalten selbsterlöserische und magische Züge aufwiese, hätte es im gleichen Maße nichts mehr mit Religion zu tun.

Beide Umschreibungen zeigen wie zwei Pole die mögliche Spannweite vieler anderer Umschreibungen auf. Sie lassen aber auch die Schwierigkeit erkennen, die hier in Frage steht. Sie verdeutlichen, daß die Fragestellung nach Religion und Ideologie keine rein wissenschaftliche und theoretische ist, sondern eine eminent praktische Bedeutung hat.

3. Der Begriff Ideologie

Der Begriff Ideologie findet auch in politischen, soziologischen, historischen, philosophischen und theologischen Abhandlungen eine allzu unkritische Verwendung. In den meisten Fällen trägt das Wort einen negativen Akzent.

Häufig ist Ideologie nur das Fremdwort für Weltanschauung, aber das ist eine Verwechslung. In der Umgangssprache verbinden sich mit dem Begriff Ideologie die Bedeutungen: geistig, theoretisch, doktrinär. So gebraucht man im Alltag dieses Wort schon, wenn jemand seine persönliche Ansicht oder seine persönlichen Interessen zu einer Theorie aufbauscht oder aus einer relativ unwichtigen Sache ein grundsätzliches Problem macht.

Der Begriff Ideologie ist relativ jung. Noch zu Anfang des 19. Jahrhunderts brachte man Ideologie in Zusammenhang mit einer Lehre über die Entstehung der Ideen bzw. einer Auseinandersetzung mit jeglichem Idealismus und Apriorismus.

Bei K. MARX und F. ENGELS bedeutet Ideologie soviel wie „falsches Bewußtsein", das sich zwangsläufig aus einer falschen ökonomisch-sozialen Struktur ergibt. Ideologie wird dabei auch gebraucht als Bezeichnung des Philosophierens schlechthin, des sogenannten Überbaus. So hängt die Problematik um den Ideologiebegriff mit der Frage nach der Wirklichkeit, nach dem Sein und nach der Erkenntnis zusammen. Bei MARX wird sozusagen der ganze Bereich des metaphysischen Seins bzw. einer diesem entsprechenden Erkenntnis ausgeklammert oder als „ideologisch" abgelehnt.

Ähnliches findet sich in der neueren Soziologie: Ideologie ist jede Deutung der Wirklichkeit, die nicht streng wissenschaftlich beweisbar ist. Das Sein wird nur noch verstanden als die Sphäre der steuerbaren und kontrollierbaren ökonomisch-sozialen bzw. vitalen Gegebenheiten, so etwa bei K. MANNHEIM.

Bei TH. GEIGER wird jede Aussage über Phänomene, die mit seinem neukantianischen Wirklichkeitsbegriff nicht übereinstimmen, als „Werturteil" bezeichnet. Werturteile aber gehören in den Bereich der Ideologie. Folglich sind Ideologien solche Aussagen, deren „Inhalt" der Wirklichkeit nicht angemessen ist.[4]

Aus diesen wenigen Andeutungen geht hervor, daß sich Ideologie kaum eindeutig bestimmen und umschreiben läßt. Das zeigen noch deutlicher die folgenden derartigen Versuche:

— Nach J. BARION sind Ideologien eine Art von geschlossenen Systemen, die keine rationale Kritik vertragen und nur fremden Irrtum kennen. Es gibt darum auch kaum Gemeinsamkeiten zwischen Ideologie und Wissenschaft.[5]

— M. HORKHEIMER schreibt: „Der Name Ideologie sollte dem seiner Abhängigkeit nicht bewußten, geschichtlich aber bereits durchschaubaren Wissen, dem vor der fortgeschrittensten Erkenntnis bereits zum Schein herabgesunkenen Meinen im Gegensatz zur Wahrheit vorbehalten werden."[6]

— K. RAHNER versteht den Begriff der Ideologie in einem negativen Sinn ,,als irriges, falsches, von der richtigen Interpretation der Wirklichkeit her abzulehnendes System. Dabei kann es ... dahingestellt bleiben, ob sich das falsche ‚System' eindeutig in theoretischer Reflexion konstituiert oder mehr als eine unreflexe Haltung, als Mentalität und willkürlich voluntaristisch gesetzte Gestimmtheit darstellt ... Zu ihrem Wesen aber gehört in Abhebung vom einfachen grundsätzlich offenen Irrtum das willentliche Moment des Abschlusses, durch das die Ideologie sich als totales System versteht. Insofern ist dann Ideologie die grundsätzliche Verschließung vor dem ‚Gesamt' der Wirklichkeit, die Verabsolutierung eines Teilaspektes".[7]

— Nach P. TILLICH sind Ideologien im engeren, kritischen Sinne des Wortes ,,Ideen, die im Dienst des Machtwillens einer Gruppe und zur Rechtfertigung damit zusammenhängender Ungerechtigkeit geschaffen werden".[8]

— L. KOLAKOWSKI schreibt: ,,Unter der Ideologie verstehen wir die Gesamtheit der Auffassungen, die einer sozialen Gruppe (einer Klasse, aber nicht nur ihr) zur Ordnung jener *Werte* dient, die sowohl das mystifizierte Bewußtsein der Interessen dieser Gruppe als auch die Widerspiegelung ihrer Tätigkeit sind ... — Mit anderen Worten: Die soziale Funktion der Ideologie besteht in der Erhaltung des Glaubens an die Werte, die notwendig sind, damit die Gruppe wirksam handeln kann."[9]

Im Zusammenhang mit dem Ideologiebegriff lassen sich einige ,,Wesensmomente" feststellen:

— Ideologien gehören zu den sogenannten ,,sekundären Systemen", die, obwohl sie etwas Totales entwerfen, den Menschen doch nur auf einen Teilaspekt seines Seins reduzieren. Dadurch wollen sie dem Menschenleben Sinn geben.

— Ideologien geben sich pankritisch, bieten aber keine Möglichkeit, das kritisierte Negative zu überwinden. Wer zu überwinden sucht, handelt sich umgekehrt den Ideologievorwurf ein.

— Den Ideologien haftet notwendig ein utopisches Element an. Deswegen werden von der Ideologiekritik leicht auch alle Zukunftsentwürfe der Ideologie verdächtigt.

— Ideologien gehen ihre hochgesteckten Ziele meist allzu enthusiastisch an, so daß die Massenbegeisterung oft zu Fanatismus und Radikalismus ausartet.

— Die Ideologien geben sich den Anspruch der Wissenschaftlichkeit. In einer Zeit, in der man von „Wissenschaftsgläubigkeit" oder „Wissenschaftsaberglauben" spricht, verfehlt selbst Scheinwissenschaftlichkeit ihre Wirkung nicht.

— Bei den Ideologien spielen viele irrationale Elemente eine je verschieden große Rolle, obwohl die einzelnen Ideologien gegen solche Elemente der anderen aufklärerisch zu Felde ziehen.

— Toleranz scheint den Ideologien grundsätzlich fremd zu sein.

— Ideologien werden meist erst aus einem gewissen zeitlichen Abstand heraus rückschauend als richtig erkannt.

4. *Die Gefahr, daß sich Religionen ideologisch mißbrauchen lassen*

Religionen können von ihrem Anspruch bzw. Vollzug her selbst Anlaß bieten, als Ideologien mißverstanden zu werden. Aber aus Mißverständnis wie Unkenntnis des wesenhaft Religiösen sind sie von außen her noch eher der Ideologieverdächtigung ausgesetzt. So müssen sie sich ständig selbst kritisch überprüfen, um diesem Vorwurf bzw. dieser Verdächtigung keinen Vorschub zu leisten.

Immer dann, wenn sich Religionen mißbrauchen ließen oder mißbrauchen lassen zur Rechtfertigung bestimmter gesellschaftlicher, politischer und sozialer Verhältnisse, die vielleicht in gewisser Hinsicht unvermeidlich sind, die aber dennoch keine absolut bleibende Gültigkeit beanspruchen können, leisteten und leisten sie dem Ideologieverdacht nicht geringen Vorschub. Veraltete und überlebte Systeme wurden unterstützt, weil z. B. das Christentum bzw. die katholische Kirche personell mit ihnen verbunden war. Demokratie wurde bekämpft, weil man an einem Kaiser- und Königtum „von Gottes Gnaden" festhielt. Im Prozeß der technischen und industriellen Entwicklung wurden die Armen auf die ewige Seligkeit vertröstet. Christentum erschien für viele als Rechtfertigungsideologie für die kapitalistische Gesellschaft und für ein reaktionäres Polizeisystem. Auch ein unkritisches Leben in überkommenen Institutionen und Verfassungen hat viel zum Ideologieverdacht der Religionen bzw. auch des Christentums beigetragen.

Alle Ideologien, sofern sie auch auf das Religiöse eingehen, sehen dieses im Zusammenhang mit der gesellschaftlichen und sozialen Wirklichkeit. Das Soziale spiegelt sich zwar im religiösen Verhalten und Leben wider, aber sofern sich das Soziale der Religion bedient und sich durch diese durchsetzen und stabilisieren will, ist der Ideologievorwurf zumeist berechtigt. Die gleiche Gefahr entsteht auch dort, wo man Religiosität einseitig auf soziales Engagement einengen will, d. h. wenn dieses nicht mehr verstanden wird als Antwort auf den Offenbarungsanspruch Gottes.

Ähnliche Gefahr droht umgekehrt bei einer einseitig mißverstandenen „Kathedertheologie", die die jeweilige Religion zu stützen sucht. Innerhalb katholischer Theologie versucht J. B. METZ seit Jahren mit seiner „Politischen Theologie" dem entgegenzuwirken.[10] Ein ähnliches Anliegen verfolgt in Südamerika die „Theologie der Befreiung".

Religionen haben prophetische Aufgaben: Ungerechtigkeit anzuklagen, zur Solidarität mit den Armen aufzurufen, die „Zeichen der Zeit" zu beurteilen und zu geistigen Strömungen Stellung zu nehmen. Darum gibt es theologische Entwürfe, die diese Aufgaben aufgreifen. Die Theologie als Verbalisierung religiöser Ansprüche und Grundhaltungen kann aber aus sich allein keine politischen oder sozialen Handlungsanweisungen ableiten. Doch in der Zeit, als die Theologie noch als das Sprachrohr derer verstanden wurde, die einer entsprechenden Religion amtlich dienten, glaubte man, sie sei allen menschlichen Wissenschaftsbereichen derart übergeordnet, daß sie in allen Bereichen menschlichen Denkens das letzte Wort haben müsse. Damit entlarvt sie aber keineswegs andere Ideologien, sondern begibt sich selbst in die Gefahr zu ideologisieren bzw. zur Ideologie zu werden.

Darin liegt aber auch eine Gefahr heutiger Theologie; denn oft sind sozialwissenschaftliche Theorien nur Hypothesen, Optionen, die es geben muß, um neue Modelle praktischen Verhaltens zu erproben. Oft enthalten diese Theorien Elemente umstrittener philosophischer Voraussetzungen oder nicht schon als gültig erwiesener Menschenbilder, obwohl in ihnen auch Wahres ausgesagt ist. Sobald sich die Theologie des Wahren darin bedient, wird damit dieses Wahre aber noch nicht zur Theologie, vor allem nicht im Sinne von Theologie als gedeutetes Gotteswort. In einem Pluralismus wissenschaftlicher Interpretationen der Gesellschaft, Wirtschaft und Politik darf sich die Theologie keiner einzigen dieser pluralen Deutungen so bedienen, daß sie sie gegen alle anderen ausspielt.

Keine einzige Theologie darf auf Kosten anderer theologischer Systeme verabsolutiert werden. Sollte eine einzelne Religion durch eine einzige Theologie begründbar sein, sind irgendwo bereits notwendige Grenzen und Voraussetzungen überschritten. Diese Religion ist unter Umständen bereits der Gefahr zu ideologisieren erlegen. Dieser Gefahr muß sich auch die Lehrautorität der Kirche immer bewußt bleiben.

Wenn in den Religionen das Glauben immer mehr in den Hintergrund tritt bzw. säkularisiert wird, liefern sie sich der

Gefahr der Ideologisierung aus. Aber das muß richtig gesehen werden: Religiöses Glauben artikuliert sich gemäß dem Vorverständnis des einzelnen Menschen. Wer in scholastischen Kategorien denkt, wird seinen Glauben anders artikulieren als derjenige, der von einer existentialistischen Theologie geprägt ist. Wo sich Ideologiekritik auf das Glauben richtet, können nur die Äußerungsformen des Glaubens gemeint sein. Religiöses Glauben sagt aber im tiefsten Sinne mehr, nämlich personalen Dialog mit Gott. Der Ideologievorwurf trifft also mehr die Religion schlechthin als das eigentliche Glauben.

Bezüglich der religiösen Ausdrucksformen aber kann man gelassen nach ihrer Ideologiehaftigkeit fragen, ohne ihnen im vorhinein Unrecht zu tun. Wollte man jedoch umgekehrt voraussetzen, jedes religiöse Phänomen müßte von vornherein ideologiehaft sein, wäre dieses Vorurteil unhaltbarer als die Leugnung der Ideologiehaftigkeit religiöser Phänomene überhaupt.

Durch die hier angedeuteten Zusammenhänge wird jeder religiöse Mensch, auch jeder gläubige Christ, immer wieder vor die Frage gestellt, ob sich sein Glauben adäquat äußert und ob die Ausdrucksform seines Glaubens in der eigenen Überzeugung begründet ist.

Entspricht das Gottesverhältnis einer Religion der jeweiligen gesellschaftlichen Wirklichkeit, aus der heraus man sich zu dieser Religion bekennt, und wandelt sich dann diese gesellschaftliche Wirklichkeit, dann entsteht die Frage: Muß an dem alten Gottesverständnis unbedingt festgehalten werden, oder muß sich das Gottesverhältnis mit der gesellschaftlichen Umstrukturierung notwendig auch wandeln? Noch deutlicher stellt sich dieses Problem etwa im Christentum, das ja als Kirche selbst eine gesellschaftliche Wirklichkeit ist. Von daher ist auch die heutige Fragestellung mitbestimmt: Hat die römisch-katholische Kirche heute eine demokratische Struktur anzunehmen? Ist ihre hierarchisch-monarchische Verfassung eine ideologische Verhärtung und damit dringend der Änderung bedürftig?

Wer in seiner Antwort von vornherein unkritisch oder fraglos an der Unwandelbarkeit der monarchischen Struktur festhält, setzt damit vom Glauben her der Ideologiekritik eine Grenze, die diese aber von sich aus nicht zu sehen vermag. Anders ausgedrückt: Verfestigungen im religiösen oder auch im kirchlichen Leben, die sich auf dogmatischen Glauben selbst dort berufen, wo dieses nicht möglich oder auch nicht notwendig ist, liefern sich der Ideologieverdächtigung geradezu aus oder geben sich ihr preis. Umgekehrt sollte sich auch das kirchliche Lehramt nur dann der dogmatischen Festlegung bedienen, wenn der wahre Glaube anders nicht mehr vor Irrtum bewahrt werden kann, nicht aber dann, wenn der Anspruch Gottes immer neu aus der Offenbarung entwickelt werden muß.

Für Ideologiekritik im Sinne einer Kritik der verschiedenen Ideologien an anderen Ideologien einerseits und für Ideologiekritik als Kritik nicht-ideologischen Denkens an den Ideologien andererseits wird es nur schwer einen gemeinsamen Ausgangspunkt geben. Darum muß Ideologiekritik berücksichtigen, daß Ideologien meist nur im Rückblick erkennbar sind. Erst nachdem man zu ihnen eine gewisse Distanz gefunden hat, vor allem auch einen zeitlichen Abstand zu ihren Ursprüngen, wird die eigene Standortgebundenheit oder auch die fremder Positionen deutlich erkennbar.

In der Anwendung auf das hier angesprochene Problem heißt das: Was an der Gestalt einer Religion wandelbar ist, ist nicht durch Spekulationen im vorhinein festlegbar. Das zeigt beispielhaft ein Rückblick in die Geschichte des Christentums. Man weiß zwar heute vieles von seiner Wandelbarkeit. Man weiß sogar um die Möglichkeit wie Notwendigkeit der Dogmenentwicklung und der Wandelbarkeit sittlicher Normen. Aber es hilft nicht, schon heute dirigistisch die Entwicklung religiöser Verhaltensweisen etwa innerhalb des Christentums für die Zukunft zu bestimmen und praktische, sicher wirkende Empfehlungen zu geben. Sonst setzt sich auch das Christentum immer wieder der Gefahr der Ideologisierung aus. Was sich im Christentum inzwischen als wandelbar enthüllt hat, wurde im Laufe der Jahrhunderte oft genug als unwandelbar verteidigt. Andererseits ist aber auch das Bleibende des Christentums wandelbar.

Wandelt sich nicht heute auch die christliche Sicht der Vergangenheit, der Welt und alles dessen, was zu dieser Sicht hinzugehört? Ist die jeweilige Sicht und Interpretation nicht nur die jeweilige Artikulation dessen, was unwandelbar zugrunde liegt, was aber gar nicht unwandelbar und ein für allemal zu fassen ist: Gott als die absolute und ewige Wahrheit?

Ideologische Verhärtung tritt überall dort ein, wo sich nicht nur eine bestimmte Weltanschauung oder Weltsicht, sondern wenn etwa auch der christliche Glaube seine jeweilige zeitgebundene Artikulation verabsolutieren wollte. Darum besteht der Vorwurf der Ideologiehaftigkeit ihm gegenüber dort zu Recht, wo man zu Unrecht auf solche für viele anscheinend notwendige Verfestigungen geschworen hat und darin das Eigentliche des Glaubens bzw. des Christentums sah. Und dasselbe läßt sich auch für die zukünftige Entwicklung sagen.

Der eigentliche Ideologievorwurf gegenüber dem Christentum liegt nicht in der allgemeinen Weltsicht der Christen und ihrer je verschiedenen Artikulation, sondern in dem Einfluß einer bestimmten sozialen und gesellschaftlichen Situation auf religiöse Vorstellungen, die dann verabsolutiert werden. Leider wird das christliche Glaubensverständnis leicht bei allen möglichen sozialen und gesellschaftlichen Umstrukturierungen sowohl von dem beharrenden als auch von dem gewandelten Teil der Menschen mißbräuchlich zur Legitimation benutzt, weil übersehen wird, daß Glauben als

Glaubensvollzug des im Glauben Unwandelbaren doch stets wandelbar ist und bleiben muß.

O. SCHREUDER [11] nennt vier Quellen oder Gefahren der Ideologisierung für die Religionen und christlichen Kirchen:

— das allgemeine Legitimationsbedürfnis der Gesamtgesellschaft und die besonderen Bedürfnisse einzelner sozialer Gruppierungen,
— das gesellschaftliche Machtbedürfnis der religiösen Institutionen,
— die Erfordernisse der kirchlichen Organisation und die Interessen der Amtsträger und schließlich
— das Konkurrenzverhältnis zwischen Religionsgemeinschaften.

5. Schlußbemerkungen

Die vorstehenden Überlegungen zeigen die Notwendigkeit einer ideologiekritischen Reflexion innerhalb der einzelnen Religionen wie auch des Christentums, die nicht nur ein für allemal geschehen kann, sondern dauernd vollzogen werden muß. Kann es dafür Maßstäbe geben?

— Ein ungeschichtlicher absoluter Maßstab, an dem man alles messen könnte, wäre selbst wieder ideologisch.
— Das Maß ist vielmehr die Geschichte selbst. Theologische Ideologiekritik ist nur rückwärts gewendet möglich.
— Maßstab ist immer wieder der auf Offenheit drängende Anspruch der christlichen Offenbarung.
— Maßstab ist nicht zuletzt eine kritische Loyalität zur Gesamtkirche.

Alle Glieder der einzelnen Religionen, alle Amtsträger christlicher Kirchen, alle Theologen sollten sich bewußt bleiben, wie Pluralität der Meinungen nicht nur möglich, sondern notwendig ist und von daher eher vor einer Umfunktionierung des religiösen Lebens und der entsprechenden religiösen Lehre in ideologiehafte Gebilde und Lehren bzw. Systeme bewahrt.

ANMERKUNGEN

1 Der Beitrag orientiert sich weithin an: LEHMANN, K.: Die Kirche und die Herrschaft der Ideologien. In: ARNOLD, F.X./RAHNER, K./SCHURR, V./WEBER, L.M. (Hrsg.): Handbuch der Pastoraltheologie, Bd. II/2, Freiburg 1966, S. 109-202; (Lit.!). Außerdem sei auf folgende ergänzende Literatur verwiesen: SCHLETTE, H.R.: Philosophie — Theologie — Ideologie. Erläuterung der Differenzen, Köln 1968; ders.: Die Ideologieproblematik und der christliche Glaube. In: Concilium 1 (1965), S. 505-515; RAHNER, K.: Ideologie und Christentum. In: ders.: Schriften zur Theologie, VI. Einsiedeln/Zürich/Köln [1] 1965, S. 59-76; BARION, J.: Ideologie, Wissenschaft, Philosophie, Bonn 1966; ZELTNER, H.: Ideologie und Wahrheit. Zur Kritik der politischen Vernunft, Stuttgart-Bad Cannstatt 1966

2 SCHRÖDER, H.: Die Religion der Religionspädagogik (Religionspädagogik — Theorie und Praxis, 29). Zürich/Einsiedeln/Köln 1975, S. 83

3 KLOSTERMAIER, K.: Das Problem des Ursprungs der Religion, in: SCHEBESTA, P. (Hrsg.): Der Ursprung der Religion, Berlin 1961, S. 41

4 Vgl. dazu GEIGER, TH.: Ideologie und Wahrheit, Stuttgart 1953

5 Vgl. dazu BARION, J.: a. a. O.

6 HORKHEIMER, M., in: ders./ADORNO, Th.W.: Sociologia II, Frankfurt 1962, S. 47 (zit. nach Lehmann, K.: a. a. O., S. 137)

7 RAHNER, K.: Ideologie und Christentum, S. 59 f

8 TILLICH, P.: Gesammelte Schriften, VI, Stuttgart 1963, S. 105 (zit. nach Lehmann, K.: a. a. O., S. 138)

9 KOLAKOWSKI, L.: Der Mensch ohne Alternative. Von der Möglichkeit und Unmöglichkeit, Marxist zu sein, München [2]1967, S. 22

10 Vgl. dazu auch METZ, J.B.: Glaube in Geschichte und Gesellschaft, Studien zu einer praktischen Fundamentaltheologie, Mainz 1977

11 In: Kirche und Ideologie, Aspekte eines Soziologen, Radiovortrag im WDR Köln am 24. 5. 1966

Sucht als Pseudo-Religion

Manfred Balkenohl

Zu den Erscheinungsformen der Süchte

Die Erscheinungsformen der Süchte sind mannigfaltiger als heute allgemein angenommen wird. Anlaß zu ernsthafter Besorgnis gibt ohne Zweifel die Gefährdung insbesondere der Kinder und Jugendlichen durch den exzessiven Mißbrauch von Suchtmitteln. Dabei fällt auf, daß der Abusus einiger Mittel generell verurteilt wird, so z. B. der Mißbrauch von Opiaten, von LSD, von Haschisch, die suchtbildende Komponenten enthalten. Andererseits wird bei den derzeitigen Konsumsitten selbst der übermäßige Genuß von Alkohol und Nikotin auch bei Jugendlichen weitgehend toleriert[1], so daß die nach Orientierung suchenden jungen Menschen in ihrem Werde- und Reifungsprozeß oftmals allein gelassen werden. Die in unserer Gesellschaft weit verbreitete Sucht nach Mitteln wie Alkohol, Zigaretten, Medikamenten und Drogen[2] offenbart nicht nur ein gesamtgesellschaftliches Defizit, sondern ein jeder der durch Sucht betroffenen Menschen zeigt einen Notstand im personalen Prozeß des Werdens und Reifens an.

Nicht weniger zerstörerisch als die genannten Phänomene wirken sich Suchtformen wie Herrschsucht, Machtsucht und Habsucht aus, die fein getarnt sind und nicht so deutlich wie die groberen Formen ein personal-soziales Defizit und damit einen Werde-Notstand des Menschen anzeigen.[3]

In dem Wort „Macht*sucht*" wird bereits deutlich, daß hier eine abartige, krankhafte Form menschlichen Agierens und Reagierens vorliegt, die in ihren sozialen Auswirkungen vernichtender sein kann als die Hab*sucht*, weil bei der letzteren

Form zwischen Mensch und Mensch der Besitz eingeschaltet wird und die Kommunikation nicht jene aggressiv bemächtigende Spitze aufweist wie bei der Herrsch- und Machtsucht.[4] Gleichwohl ist die innerseelische Störung in Verbindung mit der Vereinsamung und inneren Leere bei sämtlichen „geistig inaugurierten" Suchtformen nachweisbar, wozu auch Erwerbssucht, Ruhmsucht, Prahlsucht, Kritiksucht etc. zählen.

Die Signalfunktion von Suchtphänomenen
Der Zeichen- und Symbolwert

Die genannten Phänomene offenbaren in weit größerem Maße Reifungsrückstände und -notstände, als Betroffene und Umwelt es wahrhaben wollen.[5] Denn bei aller Vielfalt der Erscheinungsformen stimmen sämtliche Suchtphänomene in folgendem überein: In dem Werde- und Reifungsprozeß eines von Sucht betroffenen Menschen haben sich seine Anlagen nicht persongemäß entfalten können. Es sind Hemmnisse eingetreten und Hindernisgründe wirksam geworden, so daß z. B. das gesunde Streben nach Geltung und Macht, nach Bejahung und Anerkennung der Person, also die berechtigten Erwartungen und Forderungen des Menschen nicht in Erfüllung gingen. So hat sich eine innere Versagungs- oder Entbehrungssitutation mit den Folgeerscheinungen innerseelischer Schwierigkeiten und zwischenmenschlicher Konflikte ergeben, was sich gewöhnlich bereits auf der Frühstufe des Lebens ereignete.[6] Solche belastenden Wirklichkeiten können später durch Suchtphänomene signalisiert werden.

Der Bedrohung des Menschen heute durch die Sucht kann nur dann wirksam begegnet werden, wenn bei allen Arten von Hilfeleistung erkannt und berücksichtigt wird, daß die Symptome einen Notstand in dem Entfaltungsprozeß des Menschen anzeigen. Diese Feststellung gilt sowohl für die subtileren Suchtphänomene wie Geltungs- und Machtsucht, als auch für jene grob-sinnlichen Formen, z. B. bei dem unwiderstehlichen Verlangen nach Genußmitteln.[7] Grundsätzlich gilt: Alles, was dem Prozeß des menschlichen Werdens und Reifens in geordneter und damit förderlicher Weise dienlich ist, kann vom Menschen ebenfalls in exzessiver, in süchtiger Art und Weise erstrebt und somit mißbraucht werden.[8]

Soviel kann schon jetzt gesagt werden:

— Die zahlreichen Erscheinungsformen süchtigen Verhaltens weisen allesamt auf, daß der jeweils betroffene Mensch im Lebensprozeß viel an personaler Zuwendung entbehrt hat. Suchtphänomene signalisieren Entbehrungs- und Versagungssituationen.

— Im süchtigen Verhalten versucht der Mensch zu kompensieren, das Entbehrte nachzuholen.

— Aufgrund der inneren Leere sucht der Süchtige stets ein Vielfaches von dem nachzuholen, was er entbehrt hat. Es handelt sich hier um ein oft unterschätztes Wesensmerkmal der Sucht.

— In der Sucht wird mit falschen, d. h. mit nicht entwicklungsgerechten und nicht personadäquaten Mitteln versucht, das Defizit aufzuholen. Dadurch gerät der Betroffene immer tiefer in die Notsituation hinein.

Die wichtigsten Fragen für das Verständnis des in Sucht geratenen Menschen, insbesondere für Therapie und Prophylaxe lauten daher: *Welches Defizit zeigen die Symptome an? Was hat der Mensch im Prozeß des Werdens und Reifens entbehrt, und wie kann das Entbehrte nachgeholt werden?*

Trotz vieler Bemühungen heute, Ursachen und Verlaufsformen von Süchten zu erhellen, bleiben Ursprünge und Ziel der Süchte immer noch verborgen. Wer also süchtig geworden ist, wer in exzessiver und die Mitmenschen belastender Weise *sucht* (ohne zu wissen, was er letztlich sucht), hat allzu viele verborgene Gründe dazu, die ihm weder selbst, noch der Umwelt bewußt sind, denn das Unbewußte ist hier die Quelle der treibenden seelischen Kräfte. Wenn die notwendigen Voraussetzungen und Bedingungen für eine störungsfreie Persönlichkeitsentfaltung nicht gegeben sind, gerät das Unbewußte und damit der personale Mittenbereich des Menschen in geheimen Aufruhr und verrät dem Einsichtigen durch die Symptome den Reifungsverzug.

Reine Symptomtherapie: keine personadäquate Hilfe

Wenn Sucht mit den innerseelischen Störungen und den hinzukommenden Erscheinungsformen zwischenmenschlicher Konflikte als Ausdruck einer Disharmonie der „personalen Mitte" des Menschen verstanden wird, dann kann es z. B. im therapeutischen Vorgehen nicht mehr ausreichen, die Patienten drogenfrei zu bekommen, um damit leibliche Insuffizienzen zu beseitigen und die soziale Wiederanpassung etc. zu erreichen. Es gilt stets, die vordergründigen Symptome auf ihre hintergründigen Wirklichkeiten hin zu untersuchen.

Dieses oft mühevolle Eingehen auf die tiefergreifenden Probleme und Ursprünge ist gerade deshalb für die helfende Bemühung von ausschlaggebender Bedeutung, weil die Gefahr der *Symptomverlagerung* gegeben ist. Wenn die eigentliche Störung, welche das Symptom hervortreibt, nicht beseitigt wird, kann später durch ein neues, durchaus anders aussehendes Symptom die ungeordnete, nicht gereifte personale Mitte zum Vorschein kommen. Das Ziel aller Hilfeleistung ist daher nicht das Kurieren an den Symptomen um jeden Preis, sondern die Wiederherstellung oder Neugewinnung der mittehaften Stabilität des Menschen; denn eine gesunde Personmitte läßt extreme Ausfallerscheinungen nicht zu, wozu ohne Zweifel sämtliche Formen von Süchten zählen.[9]

Sucht — Ausdruck von Begegnungs- und Beziehungsnot

Wenn die berechtigten Erwartungen und Forderungen nach persongemäßer Zuwendung, Liebe, Hilfe im Werde- und

Reifungsprozeß des Menschen nicht rechtzeitig erfüllt werden, zeigt sich später durch die zahlreichen Kompensationsversuche das Defizit in den personal-sozialen Relationen, in den Begegnungen und Beziehungen. Um Mißverständnissen vorzubeugen, muß dieser Zusammenhang verdeutlicht werden. Erfahrungsgemäß gibt es z. B. eine Anzahl Jugendlicher, die Suchtmittel ausprobieren und es dabei belassen. Es gibt aber auch jene, die über eine Einstiegsdroge oder aufgrund anderer äußerer Anreize zu Dauerkonsumenten werden, die wegen ihres personal-sozialen Defizits zur Drogenabhängigkeit oder zu anderen Suchtformen disponiert sind. Es handelt sich um Gruppen jener, die oftmals als „harter Kern" bezeichnet werden, die jedenfalls aufgrund erheblicher Ausfallerscheinungen im Reifungsprozeß zur Sucht neigen.

Charakteristisch für jede Form von Sucht ist es weiterhin, daß die Realitäten des Lebens nicht mehr adäquat gesehen werden, daß Menschen aus der als belastend erlebten Wirklichkeit in eine vermeintlich schöne Welt, in eine Scheinwelt fliehen. Durch eine solche Flucht wird das Ursprungsdefizit, nämlich der Mangel an humaner Bindungsfähigkeit, der schließlich zur Sucht führte, nicht behoben, sondern die Beziehungen zu Mitmenschen werden zunehmend geschwächt bzw. aufgehoben, bis schließlich der Verlust sozialer Bezüge mit den Begleiterscheinungen seelischer Rückentwicklungen eintritt.

Die Flucht vor der Wirklichkeit ist daher identisch mit der Flucht vor den personalen und sozialen Anforderungen des Lebens, denen der Mensch nicht gewachsen ist, weil die frühen Wachstums- und Werdeschritte einschließlich der ersten Sozialerfahrung krisenhaft verlaufen sind. Die Reaktion auf solche Entfaltungsverzüge ist folgende: Immer wenn der Mensch in personalem und sozialem Miteinander gefordert wird, empfindet er diese Anforderung als belastend, als nicht erträglich, und flüchtet in die Ichheit des Rausches bzw. der Sucht. Somit ist Sucht als Mangelsyndrom zu verstehen, das den Mangel an gelungenen Begegnungen und Beziehungen anzeigt: *In der Sucht kommt eine extreme Begegnungs- und Beziehungsnot zum Vorschein.*

Proteste und indirekte Anforderungsgehalte

In den Suchtformen, aber auch in latenten Anfälligkeiten, wird heute eine innere Protesthaltung namentlich junger Menschen gegen eine Welt gesehen, die sie nicht verstehen können und von der sie sich nicht verstanden und angenommen fühlen.[10] In oft unerbittlicher Haltung innerer und äußerer Gegnerschaft manifestiert sich ebenfalls ein erhebliches Defizit an Erziehungs- und Bildungsqualitäten. Der abgründige Antagonismus in vielen Menschen der Gegenwart ist eine Folgeerscheinung jenes Fehlens von eigentlicher Erziehung und Hilfe im Reifungsprozeß, was dann eben in den mannigfachen Suchtformen zum Audruck kommen kann. Die individuellen und sozialen Folgeschäden, insbesondere schmerzhafte Zustände der Vereinsamung, die sich bis zur narzißhaften Selbstisolation steigern können, lassen gerade die Proteste im Suchtverhalten als *Ausdruck von Begegnungs- und Beziehungserkrankungen* erkennen.

Wie sehr sich Süchtige in einer ausweglosen Situation befinden können, machen die verzweifelten Versuche deutlich, durch die Suchtmittel die Not der Vereinsamung, Verzweiflung und Angst — nicht selten zusammen mit Leidensgenossen — zu überwinden, während eben durch den Abusus die Reste menschlicher Begegnungen und Beziehungen gänzlich aufgehoben werden. Das erstrebte „Heilmittel" erweist sich nicht als Hilfe, sondern als Mittel zur Vernichtung.

Indem mit diesen Hinweisen einsichtig geworden ist, daß die Suchtphänomene mit einer nicht entfalteten oder verminderten Kommunikationsfähigkeit verbunden sind, rückt ein weiterer, oft unterschätzter Gesichtspunkt in ein deutlicheres Licht, nämlich der immanente, indirekte Anforderungs- und Fragegehalt in jeglichem süchtigen Streben. Da sich der süchtige Mensch gewöhnlich in einer Engpaßsituation befindet, tendiert das unbewußte Streben dahin, die personal-soziale Notsituation zu überwinden und zu einer gelungenen, angstfreien Lebensführung zu gelangen. Und dieses Streben läßt den Menschen dann zum Suchtmittel greifen, das aber nur in sehr begrenzter Weise einen vorübergehenden Zustand der Euphorie hervorrufen, letztlich aber weder Glück noch Erfüllung bieten kann. Es geht dem Süchtigen gleich welcher Art um das baldige Erreichen von Lust, Glück und Beseligung.

Es ist in diesem Zusammenhang wichtig zu sehen, daß jegliches menschliches Liebesstreben ebenfalls auf diese Dreiheit ,,Lust, Glück, Seligkeit" gerichtet ist. Die mannigfachen Formen der Süchte erweisen sich daher als Liebensstreben des Menschen, aber als ein panikartiges, da die Mittel zur Erreichung dieses Zieles nicht persongemäß sind und die Liebesnot des Menschen verstärken.

Mit zunehmender Deutlichkeit wird heute erkannt, daß das natürliche, geordnete Liebesstreben des Menschen nicht erfüllt wurde, bevor er zu Rauschmitteln griff. Das heißt zugleich, daß die frühen Begegnungen und Beziehungen, daß die Primärkontakte des Betroffenen verzerrte Formen annehmen konnten durch Vernachlässigung oder durch ängstliche Überbesorgtheit.

Mit den alarmierenden, negativen Symptomen des süchtigen Strebens wird somit auch der *positive Gehalt der Sucht* deutlich: Im Suchtgeschehen fordert der Betroffene indirekt Hilfe im Prozeß des Werdens und Reifens. Und da sich die Ausfälle letztlich als Defizite in den Beziehungen zu den ,,personalen Grundgestalten" (HEINEN) erweisen, handelt es sich beim süchtigen Streben vor allem um indirektes Fragen nach eben diesen primären Beziehungspersonen.[11]

Sucht als Ausdruck ungelebter „religio"

Bis hierher ist als Hauptelement herausgearbeitet worden, daß süchtiges Verhalten vor allem ein Defizit in den urmenschlichen Bindungen anzeigt. Durch eine „reductio ad personas", durch ein Zurückführen der Erscheinungsformen bis hin zu den ersten Beziehungspersonen im Lebens- und Reifungsprozeß wird deutlich, daß Behinderungen und Verkürzungen urmenschlicher Bindungen im späteren Lebensgang durch Süchte signalisiert werden können. Der Mensch sucht diese Entbehrungen in exzessiver, in ungeordneter Weise, nachzuholen.

Es kommt nun entscheidend darauf an, die anthropologische und theologische Tiefendimension dieser Wirklichkeiten herauszuheben: *Ur- und Grundbedingung für das humane Werden und Reifen ist „religio" im wörtlichen Sinne von Bindung.* Die erste *„religio"* im Lebensprozeß des Menschen ist eine Bindung, die sich im familiären Erlebnisraum ereignet. Ursprünglich handelt es sich um die Bindung an die Mutter, so daß die Relation Mutter-Kind zu Recht als „religio primaria" bezeichnet werden darf.[12]

Anthropologisch gesehen sind die Ursprünge von *„religio"* auch im weiteren Sinne im familiären Erlebnisraum zu suchen:

- Die Familie stellt ein Gefüge von Gefühls*bindungen* dar, welche die Gattenliebe zum Zentrum hat und die Beziehungen zwischen Eltern und Kindern umfaßt.
- Die Entfaltung des menschlichen Urtrauens zum Personvertrauen als Voraussetzung für die Befähigung, hoffen, lieben und glauben zu können, ereignet sich durch frühe familiäre Bindungen.
- Die Relationen des Menschen zu sich selbst, zu den Mitmenschen und zu Gott, dem transzendenten Du des Menschen, sind von den Bindungen im Erlebnisraum der Familie abhängig.

Und auch in folgendem Punkt ist heute Klarheit gewonnen worden: Bevor im Lebensprozeß des Menschen eine gestörte, projektiv belastete Beziehung zu Gott eintritt, ereignete sich zuvor ein Verstrittensein mit sich selbst und mit den Mitmenschen.

Im süchtigen Menschen ist diese dreifache Relation gestört bzw. nicht personadäquat entfaltet: die Beziehung des Menschen zu sich selbst, zu den Mitmenschen und als Folge davon zu Gott. Mit der Erschütterung der Ur-religio ereignet sich die Bindungslosigkeit im personal-sozialen Bereich, aber auch die desorientierte Bindung etwa an Gegenstände (Suchtmittel), so daß das *süchtige Streben* nach materiellen Gütern bis zur Vergötzung der Suchtobjekte führen kann. Solche nicht adäquate Bindungen im Sinne von Fixierungen an Sachwerte oder Personen müssen dann als Ersatz für echte, gelebte *„religio"* herhalten.

Dieser Bereich stellt die schwerwiegendsten Fragen an die Erforscher der menschlichen Wirklichkeit. Sicherlich werden auch neue Antworten darauf keine Patentlösungen im Sinne von Rezeptwissen bereitstellen. Eines muß aber heute vor allem gesehen werden: Eine tiefgreifende Hilfe ist durch eine Abdichtung gegen Theologie und Anthropologie nicht möglich, da es sich bei Suchtformen letztlich um „religiöse" Phänomene handelt.

Weil echte *„religio"* stets den Einsatz des ganzen Menschen unter Einbeziehung aller seiner Kräfte fordert, der Einsatz der gesamten Person aber wegen des Bindungsdefizits vom Süchtigen nicht geleistet werden kann, flieht er in die Pseudoreligion der Sucht. Dabei ereignet sich gewöhnlich die Ganzhingabe (Totalbindung) an Dinge (z. B. Suchtmittel), oder an das Selbst (Selbstapotheose, z. B. in Erscheinungsformen von Macht- und Geltungssucht).

Mit der gestörten Relation des Menschen zu sich selbst, zu den Mitmenschen und zu Gott ist ursprünglich ein Vertrauensmangel und ein das gesamte Leben beherrschendes Unsicherheitsgefühl, insbesondere ein schwaches Eigenmachtbewußtsein sowie ein labiles Selbstwertgefühl verbunden, alles Erlebnisformen, die bei näherem Zusehen in den mannigfaltigen Süchten mitschwingen. Die zahlreichen Versuche, kompensatorisch das Elendsgefühl zu überwinden durch Genießen, Besitzen oder dadurch, sich selbst in den Mittelpunkt zu rücken, müssen scheitern, da der eigene Lebenssinn in der Betäubung von Insuffizienzgefühlen nicht gefunden werden kann. Da sich der Süchtige im Lebensprozeß zu kurz gekommen, zurückgesetzt und beeinträchtigt fühlt, ist ihm obendrein eine merkwürdige Unruhe und Hektik eigen, die wiederum die gültige Beantwortung der Fragen nach Herkunft und Ziel des Lebens erschweren.

So befindet sich der von Sucht Befallene und Bedrohte in einem „Teufelskreis". Prophylaxe und Therapie können nur dann Erfolg haben, wenn die im Menschen angelegten Urpotenzen des Hoffens, Liebens und Glaubens durch gültige und tragfähige personale Bindungen entfaltet werden.

ANMERKUNGEN

1 W. BÄRSCH, H. FESER, W. SCHULZE, H.-D. BRAUN: Gefährdung Jugendlicher durch Suchtmittel. Hoheneck-Verlag, Hamm 1978

2 V. FAUST: Drogen — Ausdruck unserer Zeit, Teil I: Rauchen, Teil II: Rauschgift, Teil III: Alkohol. Hoheneck-Verlag, Hamm 1974

3 Dabei muß betont werden, daß macht- und geltungssüchtiges Verhalten sich von einem ursprünglichen, gesunden Macht- und Geltungswillen sehr unterscheidet. Wie in der Genesis beurkundet wird, ist es dem Menschen aufgetragen, Macht und Herrschaft auszuüben, und zwar nicht um seiner selbst willen. Vgl. W. WEBER (Hg.): Macht — Dienst — Herrschaft in Kirche und Gesellschaft. Freiburg i. Br. 1974

4 Vgl. H. SCHULTZ-HENECKE: Der gehemmte Mensch. Entwurf eines Lehrbuches der Neo-Psychoanalyse. Stuttgart [3]1969

5 W. HEINEN: Unbewußte Fragen und Forderungen in Suchtkranken. In: Der gefährdete Mensch im Wohlstand. Hoheneck-Verlag, Hamm 1968. — Ders.: die immanente Seligkeit der Sucht. In: Begründung

christlicher Moral. W. DREIER (Hg). Würzburg 1969. — Vgl. auch ders.: Werden und Reifen des Menschen in Ehe und Familie. Münster [2]1978. Heinen beschreibt vorwiegend somatisch bedingte, psychisch verursachte und vorwiegend geistig inaugurierte Suchtphänomene, „die bereits in ihren Ursprüngen, in ihren Verläufen und in ihren immanenten Zielen zu unterscheiden sind" (Unbewußte Fragen ...,29). Auch die vorwiegend somatisch bedingten Suchtformen (z. B. Schwindsucht, Schlafsucht, Fettsucht, Magersucht, Wassersucht) sind ernstzunehmen, weil sie eine Desintegration des Menschen anzeigen. Als rein somatisch dürfen diese Suchtformen jedoch nicht bezeichnet werden, obgleich solche Phänomene primär das leibliche Geschehen zu beeinträchtigen scheinen. Bei der Einheit des Menschen von Leib, Seele, Geist kann es keine leiblichen Erscheinungsformen geben, ohne daß geist-seelische Einflüsse in eben diesen somatischen Phänomenen wirksam werden. Vor diesem Hintergrund ist es zu verstehen, daß weder die Ursprünge dieser Suchtformen *rein* leiblicher Art sind, noch daß eine dauerhafte Heilung durch *rein* somatische Einwirkungen erreicht werden kann.

6 M. BALKENOHL: Zur Entstehung seelischer Störungen und zwischenmenschlicher Konflikte. Eine anthropologische Erhellung personaler Relationen. In: Vierteljahresschrift für Heilpädagogik und ihre Nachbargebiete (VHN) 1971, Heft 3

7 Gemeint sind z. B. Genußmittel wie Alkohol, Tabak, Kaffee, Tee oder Rauschmittel wie Opium, Morphium, Heroin, oder Medikamente, die Barbiturate und Opium-Derivate enthalten.

8 W. HEINEN: Unbewußte Fragen und Forderungen ..., 30.

9 Vgl. A. VETTER: Wirklichkeit des Menschlichen. Lebensfragen unserer Zeit. Freiburg/München 1960. — Ders. Die Zeichensprache von Schrift und Traum. Freiburg/München 1970. Vgl. auch C. HEINEMANN: Ein Jahr Tätigkeit in der Drogenabteilung. In: J. BUCHMANN, H.-D. BRAUN (Hg.): Umgang mit Drogengefährdeten. Hamm 1973. — M. BALKENOHL: Angstliebe oder Ermutigung? Ursprünge des Aufbegehrens und Versagens junger Menschen. In: Erziehung und Fortschritt. Hinweise zur Verwirklichung des Mensch- und Christseins in unserer Konsumgesellschaft, hg. v. J. BUCHMANN, H.-D. BRAUN. Hamm 1974

10 Vgl. R. AFFEMANN: Krank an der Gesellschaft. Symptome, Diagnose, Therapie. Stuttgart 1973

11 W. HEINEN: Das indirekte Fragen nach den personalen Grundgestalten in menschlichem Agieren und Reagieren. In: Begründung Christlicher Moral. Würzburg 1969

12 Ders.: Werden und Reifen, 120. Vgl. M. BALKENOHL/G. STÖCKLIN: Ehe und Familie. Umstritten und gefordert. Hoheneck-Verlag, Hamm 1978

Anfragen an die Jugendreligionen Anfragen an die Kirchen

Winfried Pilz

Das Thema ist heiß, aber für manche Zeitgenossen, scheint es, hat erst jemand Prominentes — die Schauspielerin Eva Renzi — kommen müssen, um die Brisanz des Problems deutlich zu machen. Brutaler gesagt: Es scheint, als hätten sich erst in Guayana an die tausend Leute umbringen müssen (1978), um ein Phänomen grell aufleuchten zu lassen, das schon seit Jahren viele beschäftigt, die von der Jugendarbeit her in die religiöse Situation unserer Zeit hineinhorchen.

1. Blick in einen Urwald

Neue sektiererische Gruppen sind entstanden, und zwar ein ganzer Supermarkt von Angeboten, eine regelrechte Subkultur. Es handelt sich um Phänomene, die kaum auf einen Nenner zu bringen sind, über die auch nicht im Telegrammstil umfassend und angemessen geredet werden kann. Auch mir wird einiges nur verkürzt und vorläufig geraten. Dabei geht mein Anliegen über die Detailinformationen hinaus.[1]

Die Frage nach der Genauigkeit taucht schon bei den Begriffen auf; denn keine der landläufigen Bezeichnungen trifft so richtig. Wieso gibt es „Jugend"religionen"? In einigen der gemeinten Gruppierungen werden durchaus Erwachsene geworben und machen mit. Und das Wort „Religion" — ist es nicht doch zu hoch gegriffen? Können wir jede Bewegung dieser Art gleich eine Religion nennen? Haben wir nicht vorerst Splitter- und Randgruppen vor uns, „Religionen am Rande der Gesellschaft"?[2] In Amerika heißen sie „destruktive Kulte", und einige Experten meinen, man solle sie vielleicht kriminalisierend ,,Syndikate" nennen; denn dieser Grenzbereich schreckt uns zuallererst auf: Sind die Drahtzieher dieser straff organisierten Subkultur möglicherweise eine zeittypische Kombination von Geschäftemachern, Psychopathen und Gangstern? Jedenfalls ist die Terminologie schwierig, und wir werden in Anführungszeichen reden müssen, ob wir nun ,,Modesekten", ,,neue Sekten" oder sonstwas sagen.

2. Neues und nicht ganz so Neues

Wenn wir das ganze Spektrum der vielen religiösen Gruppen in den Blick nehmen, die in den letzten zehn Jahren aus dem Boden geschossen sind, stimmt das nachdenklich. Anstatt einer Systematik gebe ich einen erzählenden Rückblick, wie ich selbst im Rahmen meiner Arbeit darauf stieß. Es war in Bonn, Anfang der siebziger Jahre. Unsere Münchner Kollegen kamen damals zu einer Bundeskonferenz und wiesen uns Jugendseelsorger massiv darauf hin, daß sich in der Jugendszene eine besorgniserregende Entwicklung abzeichne. München war offenbar damals bereits eine Art europäischer Zentrale zahlloser sektiererischer Gruppen — sie schienen in die Hunderte zu gehen. Eine Fußgängerzone in der Großstadt ist nur das vordergründige Symptom einer Sache, die viel hintergründiger und abgründiger verläuft: Größere und kleinere Gruppen und Organisationen machten sich damals missionarisch an Jugendliche heran und ließen die Vertreter der ,,etablierten" Kirchen aufhorchen. Auch wir horchten auf, nahmen aber zuerst das Problem nicht so ernst, vermuteten dahinter wieder so eine ,,Welle" oder Mode und hatten ohnehin mit anderen Sachen alle Hände voll zu tun.

Kinder Gottes

Aber dann saß ich eines Abends vor dem Fernsehen und stutzte, als da aus jungen, netten Leuten in Amerika, die ich auf den ersten Blick den damals aktiven ,,Jesus People" zugeordnet hätte, eine suspekte Gruppe wurde, vor der jener Kommentator warnte. Es seien Fälle von psychischer Gewalt und finanzieller Ausbeutung bekannt geworden, und mit den ,,Jesus People" hätten sie außer Formen der religiösen Praxis nicht mehr viel gemeinsam. ,,Wer soll das unterscheiden?" fragte ich mich. Und wir hatten uns alle schon längst gefragt, wohin der neue und für viele zunächst so verlockende Jesus-Trip wohl führen werde. Manchen genügte es schon für ein Aufatmen, als sie so sympathische Jugendliche wieder beten und Halleluja singen sahen. Ein cleverer Sektenboß aus Bonn organisierte flugs in der Beethovenhalle ein Jesus-Festival, das ich mit Freunden vorzeitig wieder verließ, weil ich es betulich und fade fand. Aber immerhin.

Mitten in dieser Bewegung regte sich in Amerika der Prediger David Berg, dessen Vorfahren aus Skandinavien stammten. Er zog mit einem Hippie-Clan durch die Lande und nannte sich schließlich ,,Mose David", ein zweiter Mose, ein zweiter David zugleich, von seinen Verehrern liebevoll ,,Mo" tituliert. Ein Journalist nannte die Gruppe erstmalig ,,Kinder Gottes". Zuletzt nannten sie sich ,,Familie der Liebe". Inzwischen ist nicht mehr ganz klar, ob es sie in Deutschland noch gibt. Jedenfalls kam 1979 ein Brief im typischen Stil der comicartigen Mo-Briefe in Umlauf, in dem nach einer nochmaligen ausführlichen Beschimpfung von Kirche und Gesellschaft in einem Nachtrag die Auflösung der Sekte bekanntgegeben wurde. Ob der Schrieb eine Fälschung ist? Oder ob tatsächlich die öffentliche Aufklärung und die Entschlossenheit der Ordnungsämter, einmal etwas auf Sammelbetrug zu achten, die Organisation am Nerv getroffen hat?

Eines war inzwischen unzweideutig: daß die ,,Familie der Liebe" sich mit ihrer Ideologie und Praxis in Sachen Liebe verstiegen hatte. Zu Werbung und Praxis gehörte, von den Anhängern selbst zugegeben und sogar verteidigt, die Progen Vorgänge im Iran beobachtet, welche Krisenspannung ein religiöser Führer, mit den nötigen Machtmitteln ausgestattet, heutzutage zu verursachen vermag, wird dies nicht nur für propagandistische Übertreibung halten.

Ein zweites: Wenn sich die Bewegung zunächst als „Gesellschaft zur Wiedervereinigung des Weltchristentums" bezeichnete und dann unter manchen anderen Namen ähnliches ausdrückte, so ist nichts irreführender als dies. Richtiger müßte sie „Gesellschaft zur Abschaffung des Christentums" heißen; denn der Kern der Lehre ist, daß das Christentum durch die neue Offenbarung Muns abgelöst werden muß. Da hilft es auch nichts mehr, daß angeblich Jesus selbst dem Sektengründer diese Erkenntnis mitgeteilt hat. Jegliche Anbiederung offiziellen Kirchenvertretern gegenüber, erst recht die Versuche, sich ins kirchliche Wohnviertelapostolat oder in die Seniorenarbeit einzuschleichen, ist klar betrügerisch, ist die Taktik von „Wölfen im Schafspelz". Besonders typisch für den zugehörigen „Sektenlook" ist, daß die Vertreter Muns auf den ersten Blick ausgesprochen bürgerlich und bieder („nette junge Leute" mit Scheitel und Krawatte) wirken; endlich sind sie nicht mehr so langhaarig!

Hare Krishna

Ausgesprochen kurzhaarig, nämlich kahlköpfig mit gestutztem Minischopf, belebten andere bei ihrem ersten Auftreten die Szene: die Jünger des vor einiger Zeit verstorbenen Bhaktivedanta Swami Prabhupada, die mit Glöckchen und orangefarbenem Gewand durch die Straßen zogen und 1728mal täglich ihren Hare-Krishna-Vers „chanteten". Daß man im Zentrum dieser friedlich wirkenden Zeitgenossen, im Schloß Rettershof im Taunus, Waffen fand, stimmte bedenklich; aber selbst ein spektakulärer Prozeß tat ihrem Treiben keinen Abbruch. Zwar sind die Haare wieder gewachsen und unter einer Pudelmütze versteckt, zwar ist auch die Kleidung der kälteren Jahreszeit angepaßt, doch bleiben sie die vorerst augenfälligsten Vertreter fernöstlicher Exotik in der neureligiösen Szene.

Divine Light Mission

Nicht so asketisch lächelt der inzwischen zum dicklichen Playboy gewordene, selbsternannte Gott und Guru Maharaji Ji auf seine Verehrer herab. Als er fünfzehn war, begegneten mir — auch dies in Bonn — zwei Jugendliche mit glänzenden Augen mitten im Verkehrsgewühl und kündeten mir das persönliche Kommen des Gurus an. Daß er es sich wiederholt leistete, seine Anhänger vergeblich warten zu lassen — wie werden sie wohl damit fertig geworden sein? Auch die „Botschaft vom göttlichen Licht" hat noch ihren Zulauf, wenn auch nicht so bedeutend.

Transzendentale Meditation

Problematischer und wirksamer ist allerdings die Organisation der „Transzendentalen Meditation", kurz TM genannt. Ihr Yogi Mahesh, Maharishi (der „Göttliche"), lächelt schon lange, seit die Beatles bei ihm waren, von bunten Plakaten in die Welt und hat vor einiger Zeit das „Zeitalter der Erleuchtung" ausgerufen. Er hat es leicht damit; denn er läßt es sich gut sein in der Schweiz, wohlumgeben und versorgt von seinen „Ministerien", die für jedes Weltproblem eine Lösung bereithalten. Das Grundrezept besteht darin, daß mindestens ein Prozent der Gesellschaft TM machen muß, um die neue Menschheit herbeizuführen. In Neuseeland soll es schon so weit sein. Das Ziel ist, die „kreative Intelligenz", die in jedem Menschen weithin ungenutzt schlummert, so zu aktivieren, daß auch die Fähigkeit des Fliegens nicht mehr auszuschließen ist (diesbezügliche „authentische" Fotos sind bereits im Umlauf).

Anhänger der TM werden erst recht protestieren, im Reigen der neuen Sekten aufgeführt zu werden. Sie werden betonen, die Inhalte der angebotenen Kurse seien „nur Technik“, und manche sagten mir schon, sie könnten dies durchaus mit ihrem Christsein vereinbaren, noch nie sei ihnen zum Beispiel die Tiefe der katholischen Wahrheit so aufgegangen wie jetzt, da sie TM machten. Aber wer die religionsgeschichtlichen Hintergründe, ja selbst die Praxis des „Mantra“ (angeblich höchst persönlich und höchst geheimzuhaltende Meditationssilbe) sowie den Inhalt der Einführungszeremonie genau studiert, merkt bald, daß die Lehre des Herrn Mahesh mit dem Christentum unvereinbar ist und hier zumindest ein redliches Entweder-Oder anzusetzen ist.

Wenn auch Vertreter der Bewegung einigermaßen pressewirksam versucht haben, beim Bundesfamilienministerium ein hausgemachtes ärztliches Gutachten zugunsten von TM an den Mann zu bringen, so legen doch ernsthafte Analysen und Untersuchungen sowie die Begegnung mit TM-Anhängern die psychologische Bedenklichkeit der sich so „wissenschaftlich“ gebenden Methode an den Tag, von den Preisen ganz abgesehen.

Scientology

Um bis zum Teil fünfstellige Zahlen ansteigender Geldsummen geht es auch bei den zunächst so erschwinglichen Persönlichkeitstests und Sitzungen der „Scientology“, einer Ideologie und Psychomethode, die der frühere Science-fiction-Autor Ron Hubbard entwickelte und die inzwischen in der glänzenden Allegorie von der „Möwe Jonathan“ (wer sie liest, lese sie auch zwischen den Zeilen!) und im tänzelnden John Travolta ihre Werbeträger gefunden hat.

Bhagwan

Während ich die erste Schilderung der TM ebenfalls im Bonn der ersten siebziger Jahre bekam und ich auch von einem ehemaligen Scientologen detaillierte Schilderungen über seinen Weg ins Unterbewußte erhielt, begegnete mir erst jüngst in Altenberg ein junger Mann, der sich nach seiner Rückkehr zu Bibel und Christentum praktisch und geistig als „Hippie" versteht. Er hatte zu Füßen des Guru Rajneesh zu Poona in Indien gesessen, bevor es im „Stern" und „Spiegel" und anderswo beschrieben stand. Hier schließt sich fürs erste der Kreis. Wir sind wieder bei Eva Renzi. Hier sind wir aber auch wieder, so weit beides voneinander getrennt zu sein scheint, bei einem Aspekt, der uns an den „Kindern Gottes" störte: Sollte deren „Flirty-fishing" tatsächlich nicht mehr aktuell sein (wir hoffen es!) — wäre dann die Kombination von Urschrei, Sex und Brutalität à la Bhagwan (der Name besagt übrigens auch nichts anderes als „Gott"!) seriöser und befreiender?

Es geht um die Grundfrage, die überhaupt dazu veranlaßt, das alles aufzurollen; denn hier bei knalligen Schlagzeilen und exotischer Neugier steckenzubleiben, wäre genauso unmenschlich wie die hier skizzierten Heilsversprechen selbst. Die Grundfrage lautet zugespitzt: Was wird hier mit Menschen gemacht, besonders mit jungen Menschen in ihrer kritischen Phase existentieller Unsicherheit und Sinnsuche? Und wenn wir die Sektenszene auch nur punktuell beleuchten: Welches grelle Schlaglicht fällt dann auf die geistige Situation unserer Zeit, besonders aber auf unsere Kirchen als mögliche (oder unmögliche) Partner für Jugendliche? Und vor allem folgt die Frage: Was ist zu tun?

3. Worum es geht

Wenn sich hierzu ein Vertreter der Kirche äußert und aktiv wird, muß eines klargestellt werden: Bei der Kritik an den neuen Sekten und einer entsprechenden Öffentlichkeitsarbeit kann es nicht um die Tatsache gehen, daß Zeitgenossen sich neuen Lehren und Praktiken zuwenden. In unserer Zeit passiert es schnell, daß Entwicklungen, die uns Angst bereiten, den Ruf nach dem Grundgesetz hervorrufen und die Frage provozieren, ob dieses nicht geändert und angepaßt werden müsse. Das ist auf die Dauer bedenklich. Natürlich stimmt es, daß nur im Rahmen einer garantierten und praktizierten Religionsfreiheit die abenteuerlichsten Blüten hervortreiben können. Aber es wäre verhängnisvoll, daraufhin die Freiheit der Religion auch nur geringfügig anzutasten. Sie gehört zur Würde des Menschen, und nur wenn diese Würde selbst in Gefahr gerät, muß die Gesellschaft handeln.

Natürlich wird es einen religiös und kirchlich engagierten Menschen schmerzen, wenn er erleben muß, daß gerade ein „prächtiger" junger Mensch zu einer windigen Modeideologie abwandert; aber wenn es aus Überzeugung geschieht, wird nur die Kraft der Überzeugung der menschenwürdige Weg sein, ihn zurückzugewinnen. Das kostet Nerven und verlangt, christlich gesprochen, den langen Atem des Vaters gegenüber dem „verlorenen Sohn". Deshalb müssen Kritik und Gegenaktion auf einige alarmierende Signale eingegrenzt werden, die um der Menschenwürde willen und um des Schutzes junger Menschen und ihrer Zukunft willen Wachsamkeit und Mut zum Handeln erfordern.

Der Griff nach den Finanzen

Die ersten Hilferufe, die aus der Sektenszene oder mehr noch seitens betroffener Eltern zu hören waren, bezogen sich zunächst auf etwas sehr Vordergründiges, nämlich Geld und materielle Existenz. Wer bei den „Kindern Gottes" eintrat, gab sein Geld ab und sein sonstiges Vermögen, seinen Personalausweis und damit ein wichtiges Stück seiner Persönlichkeit, nämlich seinen Namen, der durch einen klangvollen Bibelnamen ersetzt wurde. Ähnliche Beobachtungen ergaben sich bei den anderen Gruppen auch, und wenn es nicht direkt so war, dann floß über den Kanal immer teurer werdender Kurse das Geld der Angeworbenen auf das Konto der Organisation. Oft hieß das auch, über Nacht den

Studien- oder Arbeitsplatz aufgeben, den Wohnsitz wechseln — also eine Entwurzelung der betroffenen jungen Menschen.

Fatal daran war für uns Christen, daß die erste alarmierende Sektenwelle ausgerechnet in dem Jahr hochschwappte, als wir den christlichen „Armen" schlechthin, den heiligen Franziskus, in den Mittelpunkt vieler Überlegungen und Predigten stellten. Was tat der „Poverello" aus Assisi denn anderes, als wirklich das Letzte aufgeben? Und waren nicht seine Eltern und die Umwelt genauso entsetzt? Wendete nicht sein Vater Gewalt an, um ihn zur Raison zu bringen? Na also. — Hieran wird jedenfalls eklatant klar, wie haarscharf die „Unterscheidung der Geister" an Berufung und Ausbeutung entlangläuft, wie bedenklich hier der Idealismus junger Menschen und der technisch-kaltschnäuzige Zugriff religiös gefärbter Konzerne aufeinandertreffen. Franziskus unterschied sich inmitten zahlreicher Armutsbewegungen seiner Zeit durch seine Treue zur Kirche.

Die neuen Sekten schwingen sich geschickt auf eine neue erwachte Bereitschaft zum Totalengagement aus dem Glauben. Finanzielle Abhängigkeit dieser Art hieß jedenfalls für das neue Sektenmitglied sehr bald existentielle Abhängigkeit. Bei den „Kindern Gottes" wurden Fälle bekannt, daß man den Jugendlichen, wenn er sein tägliches Sammelsoll („Quota") abends nicht nach Hause brachte, auf einen „Glaubenstrip" schickte, das heißt, ihn mittellos vor die Tür setzte. Seitens der „Vereinigungskirche" wurde dem Vernehmen nach unter anderem der Versuch gemacht, Haus und Erbe der noch lebenden Eltern einzuklagen. Der Kunde, dem die Kursgebühren der „Scientology" über den Kopf wuchsen, erhielt das verlockende Angebot, daß er ja selber zum „Auditor", also zum Komplizen der Organisation werden könne, wenn er seine Schulden abarbeiten wolle.

Juristisch bewegte sich das Problem meist jenseits der Volljährigkeitsgrenze. Die Sekten waren vorsichtig genug, sich per Unterschrift rückzuversichern und, von wilder Sammeltätigkeit einmal abgesehen, die Grenzen der formalen Legalität haarscharf einzuhalten. Den Politikern blieb vorerst nur die Möglichkeit, über eine Art garantiertes Rücktrittsrecht in einer bestimmten, länger bemessenen Frist zu diskutieren. Inzwischen aber saßen die ersten Opfer wieder auf der Straße, das heißt vor der Haustür der Wohlstandsgesellschaft.

Der Griff nach der Psyche

In einer verhängnisvollen Koppelung damit geht es immer und wesensmäßig zuerst um Gewalt über den Kern der menschlichen Person, seine Seele, oder technischer und wissenschaftlicher ausgedrückt, um seine „Psyche". Wenn in der fließenden Sektenentwicklung eine Prognose gewagt werden darf, so diese, daß wir gerade im Bereich der Psychokulte noch längst nicht am Ende des Möglichen sind und daß in einigen Grenzfeldern der Szene das Ganze ins Okkulte und Satanistische absackt. Wichtig ist dabei, daß der Griff nach der Psyche entweder in sehr gefühlsbetonten oder asketischen Formen geschieht (von hochemotionaler Zuwendung und ständiger Überwachung bis zu suggestiven Formen des Betens und Singens sowie des Nahrungs- und Schlafentzugs) oder daß sich das Ganze betont „wissenschaftlich" gibt und damit eine hanebüchene Scharlatanerie verschleiert wird. Die Diskussion, ob man hier angemessenerweise von „Gehirnwäsche" sprechen dürfe, der Streit, ob die in Amerika entwickelte und praktizierte Gegenmethode des „Deprogramming" noch menschenwürdig sei (ich lehne sie ab), hält auf den Fachtagungen der psychotherapeutischen Experten an.

Entscheidend ist, daß der Griff nach der Psyche ein technischer, erfolgsbetonter ist, gefördert durch den geheimen Wunsch des Opfers selbst, möglichst „schnell" ans Ziel zu gelangen und irgendwo in dieser mühsamen Welt das völlig

Neue greifbar zu erleben. Die Bereitschaft zum „Radikalen" ermöglicht so erfolgreich ein Umkrempeln an der „Wurzel" der Existenz, daß selbst bei Jugendlichen, die wieder aus der Sekte ausgestiegen sind, eine Veränderung der Persönlichkeit zu bleiben scheint. Der Erfolg dieser Umkrempelung geht bei den Sektenmitgliedern so weit, daß sie von einem bestimmten Punkt an die geistige Verständigung nicht mehr mitvollziehen können und sich ein Gespräch nur noch im Kreise dreht. Infolgedessen muß die Gesellschaft schließlich befürchten, daß in absehbarer Zeit mehr und mehr „Psychowracks" als Strandgut des Sektenproblems wieder an Land geschwemmt werden und nur noch als Sozialfälle überleben. Allein dies ist schon Anlaß, zu reagieren und wachsam zu sein.[3]

Der Griff nach der Totalhingabe

Schließlich läßt aufmerken, daß verschiedene der neuen Organisationen offenbar mit recht dubiosen moralischen oder politischen Zielsetzungen gekoppelt sind, die den geschützten Raum des Privaten überschreiten und alle angehen. Nicht nur die Waffen bei Hare Krishna, auch die Waffenproduktion im Konzept des Herrn Mun und seine militante Frontpropaganda zwischen Ost und West sind gefährlich. Die „Transzendentale Meditation" hat — und Muns Unterorganisationen haben es auch — ein kulturpolitisches Konzept, bei dem es vor allem um die Schlüsselstellungen von Erziehung und Bildung geht. Es bleibt nicht nur Fernziel, auf Dauer die entscheidenden Multiplikatorenposten mit eigenen Leuten zu besetzen, vielmehr mieten sich schon jetzt die Kurse in Volkshochschulen und auch in Pfarrheimen und Klöstern ein — letzteres durchaus „seriös" und finanzkräftig.

Eine moralische Grenze überschreiten unseres Erachtens eindeutig die Methoden des Flirty-fishing sowie die detaillierten Anweisungen zur Sexualpraxis seitens Herrn Rajneesh, wohl aber nicht weniger der Grundsatz Ron Hubbards, dem ideologischen Gegner gegenüber sei alles erlaubt, z. B. Betrug und bewußte Irreführung.

Fatal darin ist, daß der mit all diesem verbundene Zugriff nach der Totalhingabe auf den Hunger junger Menschen stößt, sich endlich einer lohnenden Sache ganz verschreiben zu können. Dieser Hunger ist, wie viele Sektenjünger berichten, im Lauf einer längeren, zutiefst existenstiellen Suche nirgends angemessen gestillt, ja durch tausend Wenn und Aber in Kirche und Gesellschaft immer wieder enttäuscht worden.

4. Was ist zu tun?

Die Herausforderung durch die neuen Sekten ist vielschichtig, und auf dem Feld ihrer Abwehr bewegen sich inzwischen Leute mit unterschiedlichsten weltanschaulichen und politischen Grundsätzen. Dabei bleibt der Eindruck nicht aus, für manche Verantwortliche sei das ganze eine eher peinliche Pflichtübung oder aber eine Möglichkeit, sich werbewirksam zu profilieren. Dies gilt auch für die knallige Art, mit der manche Medien die Sache selbst und die Einzelschicksale von Sektengeschädigten ausgeschlachtet haben.

Immerhin ist festzustellen: Ein erster Anlaß zum Handeln war die Notwendigkeit, in zahllosen konkreten Fällen Sektenopfer vor dem eingetretenen oder drohenden finanziellen und beruflichen Ruin zu schützen sowie eine Sammeltätigkeit zu unterbinden, die Herz und Portemonnaie des arglosen Fußgängers für irgendeine nebelhalfte ,,christliche Jugendmission" öffnete und die Konten der Sektenzentrale füllte. Hinsichtlich eines Rücktrittsrechtes bei übereilter Verschreibung des Vermögens scheinen die Politiker noch nicht weitergekommen zu sein.

Für den Fachbereich der Psychiater und angrenzender Felder der Beratung und des Jugendschutzes tat sich hier ein völlig neues Feld auf, daß einerseits phänomenologisch und therapeutisch sorgfältiger Erforschung bedarf. Es zeigt aber auch die Notwendigkeit, im Gespräch der religiösen Suche des jungen Menschen gerecht zu werden, d. h. sich selbst ins Spiel zu bringen und auf seine eigene Überzeugung hin befragen zu lassen. Mancher Anti-Sekten-Engagierte war hier eine „menschliche Fehlanzeige". Da hilft der Ruf nach dem Hauruck-Verfahren des „Deprogramming" nichts, sondern offenbart eher eine fundamentale Verlegenheit.

Wie die Selbstbesinnung jedes einzelnen unausweichlich provoziert wird, so auch die gründliche Gewissenserforschung unserer auf weite Strecken orientierungslosen Wohlstandsgesellschaft — und mehr noch die Gewissenserforschung der Kirchen und der kirchlichen Jugendarbeit. Ohne daraus die Empfehlung zu suggerieren, aufgrund der analytisch erforschten Heilsrezepte nun eine weitere Sekte zu gründen, diesmal innerkirchlich, müssen doch die schlichten, aber existentiellen Fragen der Sektenjünger beantwortet werden. Sie lauten unter anderem: Wo erfahre ich eine klare Antwort auf meine Suche nach dem Sinn des Lebens? Wer sagt mir mutig und eindeutig, was ich hinsichtlich einer ethisch anspruchsvollen Lebensgestaltung darf und was nicht? Wo kann ich mich *ganz* einsetzen? Wo finde ich Gemeinschaft, offene, herzliche, verständnisvolle Gemeinschaft? Wo erlebe ich Selbstlosigkeit im Umgang mit Besitz und brüderlichem Teilen? Wo stoße ich wie neu in die Tiefe von Gebet, Meditation, Botschaft der Bibel oder in die religiöse Weisheit der Völker vor? Wo finde ich den einen Menschen — als Messias oder Guru — , mit dem ich mich ganz identifizieren kann und dessen Liebe mich auch aus der Ferne noch trägt? — Sind das unerlaubte Fragen? Wir werden sie nicht ungestraft verbieten dürfen, solange sie uns nur lästig sind und unsere Ohnmacht aufdecken.

Initiative Altenberg

Anschauliche, manchmal atemberaubende Erfahrungen hiermit haben wir seit Jahren in Altenberg gemacht. Schon zu einem Zeitpunkt, als viele Pädagogen, Seelsorger und Politiker noch schliefen, erschien bei mir im Kölner Generalvikariat eine junge Dame, die vor kurzem noch in Rom an die „Kinder Gottes" geraten war und sich nur mit viel Energie aus deren Zugriff befreit hatte. Die tiefe Betroffenheit von diesem Erlebnis veranlaßte sie nun, den kirchlichen Stellen die Türen einzurennen, sie zum Handeln zu bewegen und ihre eigene Mitarbeit in dieser Sache anzubieten. Daraus entstand die Idee einer kleinen Wohngemeinschaft aus ehemaligen Sektenmitgliedern. Inmitten sehr provisorischer Verhältnisse war es möglich, im geschichtsträchtigen Altenberg eine solche zu gründen. Daß sie inzwischen von höchsten Stellen als „Modell" anerkannt ist, ist gar nicht so sehr Anlaß zu Stolz und Freude, solange nicht anderswo ähnlich unkonventionelle Initiativen sichtbar werden.

Die Gruppe, durch die inzwischen etwa fünfzig Sektenschicksale hindurchgegangen sind und allermeistens positiv verändert werden konnten, mußte verschiedene Grundsätze miteinander verbinden: einmal die Bereitschaft, jederzeit sofort zu helfen, besonders da, wo offizielle Stellen die Probleme „weiterreichten", ferner eine große Offenheit durchzuhalten hinsichtlich der unterschiedlichsten religiösen Vorerfahrungen, Verhaltensweisen und Grundüberzeugungen der Hilfesuchenden, zugleich aber einen selbst unaufdringlich und doch verbindlich und überzeugend gelebten christlichen Lebensstil, geprägt von Einfachheit und menschlicher Wärme, sowie dem Lebensrhythmus von Gebet und Gottesdienst anzubieten. In Altenberg traf es sich zudem gut, daß sowohl zwei „normale" christliche Pfarrgemeinden präsent sind als auch die Jugendbildungsstätte Haus Altenberg oft den Blick über den Zaun einer durchaus vorzeigbaren kirchlichen Jugendarbeit ermöglicht.

Das ist die Grundfrage, die sich mitten in allen Verhütungs- und Behütungsaktionen massiv stellt: Wie müßte unsere Kirche sein, damit sie suchenden jungen Menschen von heute Raum und Heimat sein kann? Wieviele Sektenvertreter haben mir schon gesagt, daß sie *zuerst* bei der Kirche waren und dort durch Unverständnis oder Halbherzigkeit bitter enttäuscht wurden! Wir müssen uns fragen: Wie bauen wir die schreckliche Schwellenangst ab, die so viele überhaupt erst gar nicht zu uns stoßen läßt? Und wenn das gelingt, wie sieht es dann im Innern der Kirche aus? Was findet der Jugendliche vor: leere Betriebsamkeit, Fronten und Verdächtigungen, die Kälte, die bei einem Absterben von Glaube und Frömmigkeit übrigbleibt? Wer deutet die Zeichen der Zeit und wer greift die auf, die unübersehbar von einer neuen religiösen Bereitschaft sprechen, sowohl was den Weg nach „innen" als auch das praktische Engagement für die Zukunft der Menschheit betrifft? Wer sich beherzt auf das Sektenproblem einläßt, gerät in Spannung und Zerreißprobe. Die Aufgabe heißt: Sofort handeln und helfen, zugleich aber statt der bisherigen Langatmigkeiten einen langen Atem entwickeln, um die Kirche Christi als sektenüberwindend von innen her zu erneuern.

ANMERKUNGEN

1 Der diesen Ausführungen zugrundeliegende Vortrag wurde 1978 gehalten; das ist hinsichtlich des Informationsstandes und der Einschätzung des Jugendsektenproblems zu berücksichtigen. — Die zur Zeit umfassendste Übersicht und Bibliographie bietet wohl Friedrich-Wilhelm HAACK; Jugendreligionen: Ursachen — Trends — Reaktionen, Pfeiffer-Verlag, München [1]1979

2 So der Titel des von Ludger ZINKE herausgegebenen Sammelbandes: Religionen am Rande der Gesellschaft. Jugend im Sog neuer Heilsversprechungen, Kösel-Verlag, München [2]1978

3 Zum Zeitpunkt dieses Vortrages, wie er in seiner ursprünglichen Fassung gehalten wurde, beherrschte der Massenselbstmord der Volkstempel-Sekte in Guyana die Schlagzeilen. Das grauenhafte Ende dieser Sekte, die in Europa nicht relevant war, darf nicht zu voreiliger Hysterie verführen, schon gar nicht zu Spekulationen wie im „Stern", auch Mun drohe mit Massenselbstmord.

Hingegen verdient die Beobachtung Aufmerksamkeit, daß bei der psychischen Aufarbeitung eines Sektenerlebnisses immer wieder der Gedanke an den Selbstmord, z. T. wie unter dem Gefühl eines hypnotischen Zwanges, eine Rolle spielt.

Anschriften der Mitarbeiter

Univ.-Prof. Dr. Manfred BALKENOHL,
Stephansring 20, 4512 Wallenhorst-Hollage

Dozent Geistl. Rat Pfarrer Rudolf FISCHER-WOLLPERT,
Gottfried-Schwalbach-Str. 38, 6500 Mainz-Marienborn

Prof. Dr. P. Peter LIPPERT CSSR,
Postfach 1127, 5202 Hennef/Sieg

Pfarrer Winfried PILZ,
Arbeitsstelle für Jugendseelsorge,
Referat Glaubensbildung,
Postfach 32 05 20, 4000 Düsseldorf

Prof. Dr. Josef SCHWERMER,
Hauptstr. 89, 4791 Borchen 1

Prof. Dr. P. Stephan WISSE OFMCap,
Kapuziner-Str. 27, 4400 Münster